大数据时代背景下企业财务管理研究

狄具亮　申　琳　张　娜◎著

中国商业出版社

图书在版编目（CIP）数据

大数据时代背景下企业财务管理研究 / 狄具亮，申琳，张娜著. -- 北京 : 中国商业出版社，2024. 9.

ISBN 978-7-5208-3134-5

Ⅰ. F275

中国国家版本馆CIP数据核字第2024PV8855号

责任编辑：滕　耘

中国商业出版社出版发行

（www.zgsycb.com　100053　北京广安门内报国寺1号）

总编室：010-63180647　编辑室：010-83118925

发行部：010-83120835/8286

新华书店经销

济南圣德宝印业有限公司印刷

*

710毫米×1000毫米　16开　13.25印张　230千字

2024年9月第1版　2024年9月第1次印刷

定价：70.00元

****

（如有印装质量问题可更换）

前 言

在大数据时代的背景下，企业的各项管理活动正经历着深刻的变革。财务管理作为企业管理的核心领域之一，面临着前所未有的挑战和机遇。传统的财务管理方式依赖历史数据和经验判断，在应对瞬息万变的市场环境时，逐渐显露出其局限性。而大数据技术的崛起，为财务管理注入了新的活力。通过对海量数据的深度挖掘和分析，企业不仅能够更精准地进行财务决策，还能全面提高财务管理的效率和效果。

本书系统探讨了大数据技术对企业财务管理的深远影响。在这一背景下，财务管理正从传统的静态、封闭管理模式，向数据驱动、动态优化的管理模式转变。大数据的广泛应用，不仅改变了企业的财务分析方法，也推动了信息管理、财务共享、质量管理等多个财务领域的创新发展。全书围绕大数据在财务管理中的具体应用展开，同时探讨了大数据时代企业财务管理面临的挑战，如数据安全与隐私保护、数据质量控制以及财务人员技能的提升等，并提出了相应的应对策略。

本书旨在为广大企业管理者、财务人员以及研究者提供一个全面、系统的理论框架和实践指南，帮助他们更好地理解大数据技术在企业财务管理中的应用价值。通过这一研究，希望能够推动企业在大数据时代下实现财务管理的创新与突破，从而在竞争激烈的市场环境中保持领先地位。

本书在编写过程中，收集、查阅和整理了大量文献资料，在此对学界前辈、同人和所有为此书编写工作提供帮助的人员致以衷心的感谢。由于篇幅有限，因此本书的研究可能存在不足，恳请各位专家、学者及广大读者提出宝贵意见和建议。

目 录

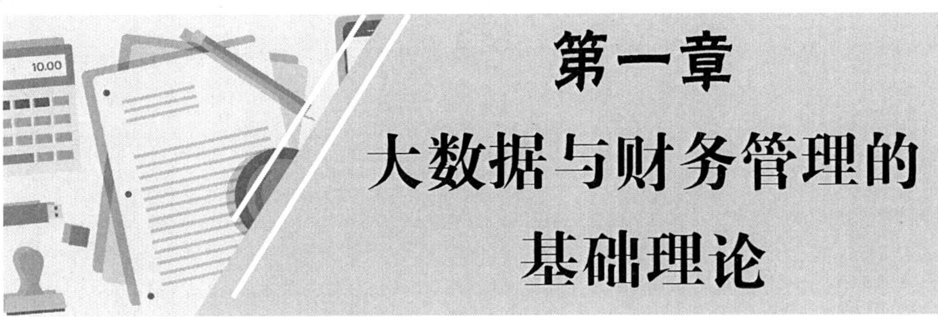

第一章 大数据与财务管理的基础理论

大数据是我国经济新常态下引领创新的发动机，也是产业转型的助推器，进而带动了技术研发体系的创新、管理方式的变革、商业模式的创新和产业价值链体系的重构，推动了跨领域、跨行业的数据融合和协同创新。企业可持续发展的关键是获得竞争优势，财务战略作为企业总体战略的核心，基于长期性和系统性的视角，在企业整体目标的引领下，融合了财产的购置、投资、融资以及管理等事项。在大数据时代，企业加强财务管理无疑是非常必要的。大数据时代，一方面，海量数据为财务管理和决策带来更有力的支撑；另一方面，对传统的财务系统、财务人员的素质提出了更高的要求。

第一节　大数据的发展

随着新一代信息技术的迅猛发展与深入应用，数据的数量不断增多、规模不断扩大，数据已逐步成为继土地、资本之后的又一种重要的生产要素，是各个国家和地区争夺的重要资源，谁掌握数据的主动权和主导权，谁就能赢得未来。

一、大数据的定义

随着互联网技术的不断发展，大数据渗透到人们的工作和生活的方方面面，加上移动网络、物联网与其他各种联网设备的出现与普及，一个必然产生的现象就是数据量的迅速增长。有90%的数据是互联网出现以后才产生的，它以指数级的速度在人们的生活中不断增加，从海量至无穷大，世界正被数据淹没。

然而目前，大数据还没有统一的标准定义。尽管大数据的定义各家不同，但基本上，大数据领域里的每个人都同意一点：大数据不仅仅是指更多资料。

（一）百度搜索的定义

经百度搜索可知，大数据是以容量大、类型多、存取速度快、应用价值高为主要特征的数据集合，最早应用于IT行业，目前正快速发展为对数量巨大、来源分散、格式多样的数据进行采集、存储和关联分析，从中发现新知识、创造新价值、提升新能力的新一代信息技术和服务业态。大数据必须采用分布式架构，对海量数据进行分布式数据挖掘，因此必须依托云计算的分布式处理、分布式数据库和云存储、虚拟化技术。

（二）《互联网周刊》的定义

《互联网周刊》认为："大数据"的概念远远不止大量的数据以及处理大量数据的技术，而是涵盖了人们在大规模数据的基础上可以做的事情，这些事情在小规模数据的基础上是无法实现的。

总体来说，大数据让我们以一种前所未有的方式，通过对海量数据进行分析，获得有巨大价值的产品和服务或深刻的洞见，最终形成变革之力。

（三）相关研究者和研究机构的定义

从数据的类别上看，"大数据"指的是无法使用传统流程或工具处理或分析的信息。它定义了那些超出正常处理范围和大小、迫使用户采用非传统处理方法的数据集。

洞见大数据时代发展趋势的数据科学家之一维克·托迈尔·舍恩伯格在他的

著作《大数据时代》中指出，大数据不用随机分析法（抽样调查）这样的捷径，而是对所有数据进行分析处理。

大数据研究机构Gartner Group（高德纳集团）认为，大数据是需要新处理模式才能具有更强的决策力、洞察发现力和流程优化能力来适应海量、高增长率和多样化的信息资产。

《大数据：下一个创新、竞争和生产力的前沿》报告由知名咨询公司麦肯锡发布，文中阐述了大数据的含义，其主要指代远超普通数据库能完成的数据收集、容纳、掌控和解析技术的数据库。大数据的概念涵盖两个层面：其一，与大数据要求吻合的数据库总量不是一成不变的，它会受到时间和技术的影响而逐步扩大；其二，各个机构对于与大数据要求吻合的数据库总量也存在差异。

综合来看，大数据至少包含三个要素。

（1）数据性思维。一种可以对海量数据加以分析处理的新模式。人们可以比以往分析更多的数据，甚至是某一事件和现象的全部数据，而不再依赖统计学的随机采样。人们更关心事物的相关性分析，而非因果关系。

（2）数据性资产。拥有海量数据可以洞见众多商机，获得巨大利润。大数据包含的潜在信息正在创造着各种商机，成为重要的商业情报。例如，企业可以通过在汽车上安装各类传感器和行车电脑获取关于汽车零件在汽车行驶时使用情况的实时数据，这种数据可以用于后续的零件设计优化，这会成为企业的巨大竞争优势。

（3）数据技术创新。大数据是一种高效率、自动化、平民化的数据处理技术。物联网、云计算等现代数据技术的出现使得大规模运算成为现实，且成本更为低廉。

（四）国标的定义

在国家标准《信息技术 大数据 术语》（GB/T 35295—2017）中，大数据的定义为：具有体量巨大、来源多样、生长极快且多变等特征，并且难以用传统数据体系结构有效处理的包含大量数据集的数据。

二、大数据的类型

大数据不仅指数据量大，更强调数据的多样性和复杂性。根据数据的来源、结构和应用领域，大数据可以分为多种类型。本文将详细探讨大数据的主要类型，帮助读者更好地理解和利用大数据的潜力。

（一）按数据结构分类

按数据结构，大数据可以分为结构化数据、半结构化数据和非结构化数据。

1. 结构化数据

结构化数据是指具有固定格式或有限长度的数据，这类数据往往被精心组织并存储在关系数据库中，便于通过SQL（Structured Query Language，结构化查询语言）等查询语言进行高效管理和深入分析。结构化数据具有以下特点。

首先，结构化数据具有格式固定性的特点。这意味着数据在存储之前，其结构（如表格、字段和记录等）已被预定义并标准化。这种明确的格式不仅简化了数据的录入过程，也为后续的数据处理和分析奠定了坚实基础。在业务场景中，如企业的业务交易数据、财务报表和库存记录等，均采用了这种结构化的存储方式，确保了数据的规范性和一致性。

其次，结构化数据具有易于处理性的特点。由于数据格式固定且标准化，企业可以利用现有的数据库管理系统（Database Management System，DBMS）进行高效的存储、检索和分析。这些系统通常提供了丰富的工具和功能，支持复杂的数据查询、报表生成和数据挖掘等操作，极大地提高了数据处理的效率和准确性。

最后，结构化数据具有高度一致性的特点。由于所有数据都遵循相同的格式和规范，因此可以确保数据的完整性和准确性。这种一致性对于企业的业务分析、财务管理和决策支持等关键环节至关重要。通过准确的数据分析，企业可以更好地了解市场趋势、优化业务流程并作出更加明智的决策。

常见的结构化数据包括企业的业务交易数据、财务报表、库存记录等。这些数据通常用于企业内部的业务分析、财务管理和决策支持。

2. 半结构化数据

半结构化数据是指具有一定结构但不如关系库中严格的数据。具体来说，半结构化数据通过标签和标记来展现数据的层次与关系，这种结构既不完全固定，也不像关系数据库那样严格规范，从而赋予了它强大的适应性和灵活性。半结构化数据具有以下特点。

首先，半结构化数据的灵活性强。半结构化数据能够轻松容纳各种类型和格式的数据，无论是文本、数字，还是复杂的数据结构，都能在半结构化数据的框架下找到一席之地。这种灵活性使得半结构化数据在处理复杂多变的数据源时，展现出了强大的包容性和适应能力。

其次，半结构化数据具有自描述性的特点。半结构化数据本身就包含了描述其结构和内容的信息。这种自描述性使数据的读取和处理变得更加直观和便捷，无须额外的解析和转换工作。

最后，半结构化数据还具有易于扩展性的特点。随着业务的发展和数据量的增长，数据结构和内容往往需要不断地进行调整和扩展。而半结构化数据由于其灵活的格式和自描述性特点，使这种调整和扩展变得相对容易和高效。

常见的半结构化数据包括XML文件、JSON文件、HTML文档等。这些数据通常用于互联网应用、配置文件和数据交换等场景。

3. 非结构化数据

非结构化数据是指不具有固定格式或结构的数据。这类数据以多样的形态展现，如文本、图像、音频和视频等，这些形态使得非结构化数据在管理和处理上与传统关系数据库有着显著的区别。非结构化数据具有以下特点。

第一，非结构化数据最显著的特点便是其格式的多样性。这种多样性不仅体现在数据类型的丰富上，更在于每种类型数据内部结构的差异。无论是社交媒体上的文字互动、电子邮件中的交流内容，还是文档中详细记录的信息、照片中定格的瞬间、音频和视频中传递的声音与画面，都是非结构化数据的重要组成部分。这种多样性为数据的处理和分析带来了挑战，但同时也蕴含了丰富的信息和价值。

第二，非结构化数据具有处理复杂的特点。由于缺乏统一的结构和格式标准，传统的数据处理和分析方法往往难以直接应用于非结构化数据。为了充分挖掘这些数据中的价值，需要借助自然语言处理、图像识别、机器学习等先进的专业技术和工具。

第三，尽管处理非结构化数据存在诸多挑战，但这类数据中通常包含大量的有价值信息。例如，在社交媒体内容中，可以发现用户的兴趣偏好和行为模式；在电子邮件和文档中，可以提取关键信息和决策依据；在照片、音频和视频文件中，可以捕捉生活的点滴和历史的瞬间。这些信息对于个人、企业和组织来说都具有重要的价值。

常见的非结构化数据包括社交媒体内容、电子邮件、文档、照片、音频和视频文件等。这些数据广泛存在于互联网和企业内部，需要通过自然语言处理、图像识别和机器学习等技术进行处理和分析。

（二）按数据来源分类

按数据来源，大数据可以分为机器生成数据和人类生成数据。

1. 机器生成数据

机器生成数据是由计算机、传感器和其他自动化设备生成的数据。这类数据通常具有高频率、大规模和精确性的特点。机器生成数据包括以下几种类型。

首先，传感器数据。传感器数据作为机器生成数据的重要组成部分，主要来源于物联网设备和各类传感器。这些设备遍布人们的生活与工作之中，持续不断地收集并传输着如温度、湿度、压力、位置等关键信息。这些实时、精确的数据，为环境监测、工业控制、智慧城市等领域提供了强有力的支持。

其次，日志数据。日志数据是由计算机系统和应用程序在运行过程中自动生成的。这些日志文件详细记录了系统的操作过程、错误信息、访问记录等关键信息。通过对这些日志数据的深入分析，人们可以及时发现并解决系统问题，优化系统性能，确保系统的稳定运行。

最后，交易数据。交易数据是电子商务、金融交易等领域不可或缺的一部分。这些交易记录详细记录了用户的支付行为、订单信息等关键信息。通过对这些交易数据的挖掘与分析，可以深入了解用户的消费习惯与需求，为企业制定更加精准的营销策略提供有力支持。

机器生成数据广泛应用于工业监控、智能制造、智能交通等领域，通过实时采集和分析这些数据，可以实现设备状态监测、故障预警和优化控制。

2. 人类生成数据

人类生成数据是由人类活动生成的数据，通常以非结构化或半结构化形式存在。人类生成数据包括以下几种类型。

第一，社交媒体数据。用户在社交媒体平台上发布的内容，无论是文字、图片、视频还是评论，都反映了用户的兴趣、观点和态度。这些数据不仅为社交媒体平台提供了丰富的内容资源，也为数据分析师提供了宝贵的洞察用户行为和心理的线索。

第二，文本数据。新闻文章、博客帖子、电子邮件、聊天记录等文本内容，是人类表达思想、交流信息的主要方式。这些文本数据不仅记录了人类社会的历史和发展，也为自然语言处理、文本挖掘等领域的研究提供了丰富的语料库。

第三，多媒体数据。照片、音频、视频等多媒体内容，能够更加真实地反映人类的生活和情感。这些多媒体数据不仅为用户提供了更加丰富的感官体验，也为多媒体处理、计算机视觉等领域的研究提供了丰富的素材。

人类生成数据在互联网和社交媒体领域占据重要地位，通过对这些数据的分析，可以了解用户行为、挖掘市场趋势和进行情感分析。

（三）按数据应用领域分类

按数据应用领域，大数据可以分为业务数据、科学数据和政府数据。

1. 业务数据

业务数据是企业在生产经营过程中产生的各类数据，主要用于支持业务运营和决策。业务数据涵盖了客户、销售及供应链等多个维度。

第一，客户数据。客户数据不仅是企业客户关系管理的基石，还深刻影响着营销活动的精准性与效果。它囊括了客户的基本信息、购买历程及偏好倾向，为企业描绘了一幅详尽的客户画像，助力企业深入理解市场需求，定制化推出产品和服务。

第二，销售数据。销售数据是企业业绩的直接体现，包括销售订单、交易详情及销售额等关键指标。通过对销售数据的深入分析，企业能够洞察市场趋势，预测未来走向，为销售策略的调整与优化提供有力支持。同时，销售数据也是企业评估销售团队绩效、优化销售流程的重要依据。

第三，供应链数据。供应链数据涵盖了供应商信息、库存状况及物流动态等多个方面，为企业供应链管理提供了全面而深入的视角。通过对供应链数据的实时监控与分析，企业能够及时发现并解决供应链中的瓶颈问题，提高供应链的整体效率与响应速度。

业务数据是企业进行业务分析、提高运营效率和优化决策的重要资源。

2. 科学数据

科学数据是科学研究过程中产生的数据，主要用于支持科学发现和技术创新。科学数据包括以下几种类型。

第一，实验数据。这类数据源自物理、化学、生物等各类科学实验的精心操作与细致观察。从实验室的试管中跃动的化学反应，到显微镜下细胞的微妙变化，每一个数据点的背后，都是科研人员辛勤汗水的结晶，为科学理论的构建提供了坚实的支撑。

第二，观测数据。观测数据是通过天文望远镜的深邃凝视、气象卫星的广阔视野、地震监测仪的敏锐捕捉，将宇宙的浩瀚、地球的脉动一一呈现。这些数据不仅丰富了人们对自然规律的认识，更为防灾减灾、环境保护等社会问题的解决提供了科学依据。

第三，模拟数据。这类数据是现代科技发展的产物，它借助计算机的强大算力，通过模拟与仿真技术，构建出各种复杂系统的虚拟模型。从气候变化的预测到分子结构的解析，模拟数据以其独特的视角和精准的分析，为科学研究开辟了新的道路。它们不仅减少了实验成本、提高了研究效率，更在某些领域实现了对现实世界的超越与突破。

科学数据广泛应用于自然科学和工程技术领域，通过对这些数据的分析，可以揭示自然规律、预测未来趋势和进行技术创新。

3. 政府数据

政府数据是各级政府在行政管理和公共服务过程中产生的数据，主要用于支持政策制定、公共服务和社会治理。政府数据包括以下几种类型。

第一，人口数据。人口数据包括详尽的人口普查结果、居民登记信息等，这些不仅是人口统计学的宝贵资源，更是政府制定人口政策、优化资源配置、加强社会管理的关键依据。通过对人口数据的分析，政府能够更精准地把握人口流动趋势、年龄结构变化等关键要素，为公共服务的精准供给提供有力支撑。

第二，经济数据。经济数据包括各类经济统计数据、财政收支情况等，这些数据不仅反映了当前经济的运行状况，更为政府制定经济政策、调整产业结构、促进经济稳定增长提供了重要参考。通过经济数据的深入分析，政府能够及时发现经济运行中的问题和挑战，采取有效措施加以应对，确保经济持续健康发展。

第三，公共服务数据。公共服务数据涵盖了医疗、教育、交通等民生领域，是提高公共服务水平、增强民众获得感的关键所在。这些数据不仅记录了公共服务的供给状况和使用情况，更为政府优化服务流程、提高服务质量提供了重要依据。通过公共服务数据的整合与分析，政府能够更准确地把握民众需求、发现服务短板，从而有针对性地加以改进和提升。

政府数据是政府进行科学决策、提供公共服务和促进社会发展的重要资源。

三、大数据的特征

到现在为止，虽然全社会对于大数据的认知并没有完全达成一致，但在学界内有一种普遍认可的观点，这就是大数据具有“4V”特征。大数据是以体量巨大（Volume）、类型繁多（Variety）、存取速度快（Velocity）、价值密度低（Value）为基本特征的数据集。

（一）体量巨大

伴随着各种移动设备、物联网和云计算、云存储等技术的发展，互联网数据已经不局限于传统意义上的网页、论坛。人和物的所有轨迹、状态和行为都可以被记录，因此产生了大量数据。人类社会的数据量在不断刷新一个个新的一级单位，已经从TB（太字节）、PB（拍字节）级别跃升至EB（艾字节）、ZB（泽字节）、YB（尧字节）等级别。

（二）类型繁多

大数据有着多种表现形式。通常人们认为数据只能是整齐地排列成行列样式，而事实上大数据的形式是多样的，而且这种多样性正在不断增加。

在大数据时代，数据格式变得越来越丰富多样，涵盖文本、音频、图片、视频和模拟信号等不同的类型。App中的照片、移动设备用户点击行为数据、电子地图行为习惯数据、社交网络行为特点和生活习惯、电商交易数据、互联网搜索引擎搜索行为和提问行为，这些数据的格式不尽相同。

由于科技进步迅猛，传感器和智能技术有较大提升，数据信息越来越趋向于数量大、范围广、处理难度高。数据不仅涵盖原始的数据关系，而且增加了网络日志等点击量数据，以及搜索引擎、互动媒体、电子信箱、文件、自主和非自发系统的传感器信息等传统、非结构化数据。

（三）存取速度快

大数据是一种以实时数据处理、实时结果导向为特征的解决方案。大数据的“快速”特征体现在两个方面。一是数据生成非常迅速。数据产出方式不同，有集中式，也有循序渐进式。例如，欧洲核子研究中心的大型强子对撞机在运行过程中每秒会产出大量数据，这属于集中式数据产出。但互联网公司的数据收集是循序渐进的，虽然不是一次性产出，但由于使用者较多，有限时间里也会产出大量数据。例如，淘宝、百度和谷歌等，均可以满足每秒数百兆字节点击率、日志、射频识别数据、GPS位置信息的采集和传输需求，并将这些数据上传到中央系统上。二是数据处理快。例如，如果想存储1PB容量的数据，假设计算机存储量能满足全天运行，且网速在1GB/s的前提下，那么将这么大的数据量完全储存到计算机中需要长达12天的时间。这时大数据的作用便显现出来，它能够通过云技术轻松将计算机12天的工作量在20分钟内处理完毕。

（四）价值密度低

大数据并不直接意味着所有的数据都具有大价值，实际上大数据中真正有价值的数据量极小，这一小部分具有价值的数据正是大数据真正的价值。比如，上亿微信用户中起床后的第一件事就是发微信的人并不多；一项火热的话题下后7万条评论中可能仅有几条具有价值；某公司的上千名客户中也许只有7名客户只喝该公司的酒；某钢厂高炉的2000个传感器每分钟上报一个信号，几个月可能仅有5个信号接近临界值；许多产品类别和品牌几乎从来没有在社会化媒体上被提及，样本量可能微乎其微；各类互动平台会被各种外界因素干扰，用户发出的讨论并不能代表其个人真实的观点；等等。以上这些数据中混杂着大量不相关的、毫无意义的信息，如果再考虑数据采集不及时、数据样本不全面、数据不连续等因素，大数据的含金量可想而知。

四、大数据的技术框架

大数据尝试从海量数据中，通过一定的分布式技术手段，挖掘出有价值的信息，最终提供给用户，进而产生实用价值和商业价值。由于数据本身的多样性以及数据分析需求的多元化，大数据技术体系非常复杂，涉及的组件和模块众多，为了便于大家从顶层框架上对大数据有一个清楚的认识，下面尝试概括大数据的技术框架。

在互联网领域，数据无处不在。从数据在信息系统中的生命周期来看，大数据从数据源开始，经过分析、挖掘到最终获得价值，一般需要经过6个主要环节，包括数据收集、数据存储、资源管理与服务协调、计算引擎、数据分析和数据可视化。

（一）数据收集层

数据收集层由直接与数据源对接的模块构成，负责将数据源中的数据实时或近实时地收集到一起。数据源具有分布式、异构性、多样化及流式产生等特点。

分布式：数据源通常分布在不同机器或设备上，并通过网络连接在一起。

异构性：任何能够产生数据的系统均可以称为数据源，如Web服务器、数据库、传感器、手环、视频摄像头等。

多样化：数据的格式是多种多样的，既有像用户基本信息这样的关系型数据，也有如图片、音频和视频等非关系型数据。

流式产生：数据源如同“水龙头”一样，会源源不断地产生“流水”（数据），而数据收集系统应实时或近实时地将数据发送到后端，以便及时对数据进行分析。

由于数据源具有以上特点，将分散的数据源中的数据收集到一起通常是一件十分困难的事情。一个适用于大数据领域的收集系统，一般具备以下几个特点。

扩展性：能够灵活适配不同的数据源，并能接入大量数据源而不会产生系统瓶颈。

可靠性：数据在传输过程中不能够丢失（有些应用可容忍少量数据丢失）。

安全性：对于一些敏感数据，应有机制保证数据收集过程中不会产生安全隐患。

低延迟：数据源产生的数据量往往非常庞大，收集系统应该能够在较低延迟的前提下将数据传输到后端存储系统中。

为了让后端获取全面的数据，以便进行关联分析和挖掘，通常我们建议将数据收集到一个中央化的存储系统中。

（二）数据存储层

数据存储层主要负责海量结构化与非结构化数据的存储。传统的关系型数据库（如MySQL）和文件系统（如Linux文件系统）因在存储容量、扩展性及容错性等方面的限制，很难适应大数据应用场景。

在大数据时代，由于数据收集系统会将各类数据源源不断地发到中央化存储系统中，这对数据存储层的扩展性、容错性及存储模型等有较高要求，总结如下。

（1）扩展性。在实际应用中，数据量会不断增加，现有集群的存储能力很快将达到上限，此时需要增加新的机器扩充存储能力，这要求存储系统本身具备非常好的线性扩展能力。

（2）容错性。考虑到成本等因素，大数据系统从最初就假设构建在廉价机器上，这就要求系统本身就有良好的容错机制，以确保在机器出现故障时不会导致数据丢失。

（3）存储模型。由于数据具有多样性，数据存储层应支持多种数据模型，确保结构化和非结构化的数据能够都很容易地保存下来。

（三）资源管理与服务协调层

随着互联网的高速发展，各类新型应用和服务不断出现。在一个公司内部，既存在运行时间较短的批处理作业，也存在运行时间很长的服务，为了防止不同应用之间相互干扰，传统做法是将每类应用单独部署到独立的服务器上。该方案简单易操作，但存在资源利用率低、运维成本高和数据共享困难等问题。为了解决这些问题，有的企业开始尝试将这些应用部署到一个公共的集群中，让它们共享集群的资源，并对资源进行统一使用，同时采用轻量级隔离方案对各个应用进行隔离，因此便诞生了轻量级弹性资源管理平台。相比于“一种应用一个集群”的模式，引入资源统一管理层可以带来众多好处，如资源利用率高、运维成本低以及数据共享等。

资源利用率高：如果每个应用一个集群，则往往由于应用程序数量和资源需求的不均衡，在某段时间内有些应用的集群资源紧张，而另外一些集群资源空闲，共享集群模式通过多种应用共享资源，使集群中的资源得到充分利用。

运维成本低：如果采用“一个应用一个集群”的模式，则可能需要多个管理员管理这些集群，进而增加运维成本，而共享集群模式通常需要少数管理员即可完成多个框架的统一管理。

数据共享：随着数据量的暴增，跨集群间的数据移动不仅需花费更长的时间，硬件成本也会大大增加，而共享集群模式可让多种应用共享数据和硬件资源，这将大大减小数据移动带来的成本。

在构建分布式大数据系统时，会面临很多共同的问题，包括leader选举、服务命名、分布式队列、分布式锁、发布订阅功能等，为了避免重复开发这些功能，通常会构建一个统一的服务协调组件，包含了开发分布式系统过程中通用的功能。

（四）计算引擎层

在实际生产环境中，针对不同的应用场景，我们对数据处理的要求是不同的。在有些场景下，只需离线处理数据，对实时性要求不高，但要求系统吞吐率高，典型的应用是搜索引擎构建索引；在有些场景下，需对数据进行实时分析，要求每条数据处理延迟尽可能低，典型的应用是广告系统及信用卡欺诈检测。为了解决不同场景下的数据处理问题，起初有人尝试构建一个大的系统解决所有类型的数据计算问题，但最终以失败告终。究其原因，主要是不同类型的计算任务，其追求的目标是不同的，如批处理计算追求的是高吞吐率，而实时计算追求的是低延迟。在现实系统中，系统吞吐率和处理延迟往往是矛盾的两个优化方向——系统吞吐率非常高时，数据处理延迟往往也非常高，基于此，用一个系统完美解决所有类型的计算任务是不现实的。

计算引擎发展到今天，已经朝着“小而美”的方向前进，即针对不同应用场景，单独构建一个计算引擎，每种计算引擎只专注于解决某一类问题，进而形成了多样化的计算引擎。计算引擎层是大数据技术中最活跃的一层，直到今天，仍不断有新的计算引擎被提出。总体来讲，可按照对时间性能的要求，将计算引擎分为三类。

（1）批处理。该类计算引擎对时间要求最低，一般处理时间为分钟到小时级别，甚至天级别，它追求的是高吞吐率，即单位时间内处理的数据量尽可能大，典型的应用有搜索引擎构建索引、批量数据分析等。

（2）交互式处理。该类计算引擎对时间要求比较高，一般要求处理时间为秒级别，这类系统需要与人进行交互，因此会提供类SQL的语言便于用户使用，典型的应用有数据查询、参数化报表生成等。

（3）实时处理。该类计算引擎对时间要求最高，一般处理延迟在秒级以内，典型的应用有广告系统、舆情监测等。

（五）数据分析层

数据分析层直接与用户应用程序对接，为其提供易用的数据处理工具。为了让用户分析数据更加容易，计算引擎会提供多样化的工具，包括应用程序编程接口（Application Programming Interface，API）、类结构化查询语言（SQL-like Language）、数据挖掘软件开发工具包（Software Development Kit，SDK）等。在解决实际问题时，数据科学家往往需根据应用的特点，从数据分析层选择合适的工具，大部分情况下，可能会结合使用多种工具。其典型的使用模式是：首先，使用批处理框架对原始海量数据进行分析，产生较小规模的数据集；其次，在此基础上，使用交互式处理工具对该数据集进行快速查询，获取最终结果。

（六）数据可视化层

数据可视化技术指的是运用计算机图形学和图像处理技术，将数据转换为图形或图像在屏幕上显示出来，并进行交互处理的理论、方法和技术。它涉及计算机图形学、图像处理、计算机辅助设计、计算机视觉及人机交互技术等多个领域。

数据可视化层是直接面向用户展示结果的一层，由于该层直接对接用户，是展示大数据价值的“门户”，因此数据可视化是极具意义的。考虑到大数据具有容量大、结构复杂和维度多等特点，对大数据进行可视化是极具挑战性的。

五、大数据的处理流程与基础技术

对大数据进行处理，主要是从海量数据中获取需要的信息数据，并进行加工分析，进而得到有价值的部分。大数据的本质也是数据，因此对其进行处理的关键技术依然离不开大数据存储和管理及大数据检索使用（包括数据挖掘和智能分析）。围绕大数据，一批新兴的数据存储、数据挖掘、数据处理与分析技术不断涌现，让我们处理海量数据更加容易、更加便宜和迅速的同时，也成为企业业务经营的好助手，甚至可以改变许多行业的经营方式。因此，一般将大数据处理流程概括为以下几个步骤。

（一）大数据采集

大数据采集是大数据生命周期的第一个环节，它通过射频识别、传感器、社交网络、移动互联网等获得各种类型的结构化、半结构化及非结构化的海量数据。由于可能有成千上万的用户同时进行并发访问和操作，因此，必须采用专门针对大数据的采集方法，其主要包括三种。一是数据库采集。一些企业会使用传统的关系型数据库MySQL和Oracle等来存储数据，谈到比较多的工具有Sqoop和结构化数据库间的ETL（数据仓库技术），当然当前开源的Kettle和Talend本身也集成了大数据的集成内容，可以实现和HDFS（分布式文件系统）、HBase（开源数据库）和主流NoSQL（非关系型数据库）数据库之间的数据同步和集成。二是网络数据采集。网络数据采集主要是借助网络爬虫或网站公开API（应用程序接口）等方式，从网站上获取数据信息的过程，通过这种途径可将网络上非结构化数据、半结构化数据从网页中提取出来，并以结构化的方式将其存储为统一的本地数据文件。三是文件采集。对于文件的采集，谈得比较多的还是使用Flume（日志收集系统）进行实时的文件采集和处理，虽然ELK［Elasticsearch（日志存储搜索）、Logstash（日志收集）、Kibana（展示查询）三者的组合］只是处理日志，但是也有基于模板配置的完整增量来实时进行文件采集。如果只是做日志的采集和分析，那么用ELK解决方案就完全足够了。

（二）大数据预处理

数据的世界是庞大而复杂的，同时也会有残缺的、虚假的和过时的数据。想要获得高质量的分析挖掘结果，就必须在数据准备阶段提高数据的质量。大数据预处理可以对采集到的原始数据进行清洗、填补、平滑、合并、规格化以及检查一致性等，将那些杂乱无章的数据转化为相对单一且便于处理的构型，为后期的数据分析奠定基础。大数据预处理主要包括数据清理、数据集成、数据转换以及数据归约四大部分。

1. 数据清理

数据清理主要包含遗漏值处理（由于数据收集过程中的错误、设备故障或用户操作失误引发的数据缺失）、噪声数据处理（数据中存在着错误或偏离期望值的数据）和不一致数据处理。

2. 数据集成

数据集成是指将多个数据源中的数据合并存放到一个一致的数据存储库中。在这一过程中需着重要解决三个问题：模式匹配、数据冗余、数据值冲突检测与处理。

3. 数据转换

数据转换是指处理采集上来的数据中存在的不一致的过程。数据转换一般包括两类：第一类是数据名称及格式的统一，即数据粒度转换、商务规则计算以及统一的命名、数据格式、计量单位等；第二类是数据仓库中存在源数据库中可能不存在的数据，因此需要进行字段的组合、分割或计算。数据转换实际上还包含了数据清洗的工作，需要根据业务规则对异常数据进行清洗，以保证后续分析结果的准确性。

4. 数据归约

数据归约是指在尽可能保持数据原貌的前提下，最大限度地精减数据量，主要包括数据方聚集、维归约、数据压缩、数值归约和概念分层等。数据归约技术可以用数据集的归约表示，使数据集变小，但同时仍然近于保持原数据的完整性。也就是说，在归约后的数据集上进行挖掘，依然能够得到与使用原数据集近乎相同的分析结果。

（三）大数据存储与管理

大数据存储与管理要用存储器把采集到的数据存储起来，建立相应的数据库，以便管理和调用。大数据存储技术路线最典型的有三种。

1. 大规模并行处理（Massively Parallel Processing，MPP）架构的新型数据库集群

MPP架构的新型数据库集群，重点面向行业大数据，采用无共享（Shared Nothing）架构，通过列存储、粗粒度索引等多项大数据处理技术，再结合MPP架构高效的分布式计算模式，完成对分析类应用的支撑，其运行环境多为低成本

的服务器（PC Server），具有高性能和高扩展性的特点，在企业分析类应用领域获得了极其广泛的应用。这类MPP产品可以有效支撑PB级别的结构化数据分析，这是传统数据库技术无法胜任的。

2. 基于分布式系统基础架构（Hadoop）的技术扩展和封装

基于Hadoop的技术扩展和封装，围绕Hadoop衍生出了相关的大数据技术，以应对传统关系型数据库较难处理的数据和场景。例如，针对非结构化数据的存储和计算等，可充分利用Hadoop开源的优势，伴随相关技术的不断进步，其应用场景也将逐步扩大，目前最为典型的应用场景就是通过扩展和封装Ha-doop来实现对互联网大数据存储、分析的支撑。

3. 大数据一体机

这是一种专为大数据的分析处理而设计的软、硬件结合的产品，由一组集成的服务器、存储设备、操作系统、数据库管理系统以及为数据查询、处理、分析用途而预先安装及优化的软件组成。高性能大数据一体机具有良好的稳定性和纵向扩展性。

（四）大数据分析与挖掘

大数据分析与挖掘是把隐藏在一大批看来杂乱无章的数据中的信息集中起来，进行萃取、提炼，以找出潜在有用的信息和所研究对象的内在规律的过程。它主要由可视化分析、数据挖掘算法、预测性分析、语义引擎以及数据质量管理五大方面组成。

1. 可视化分析

可视化分析主要是借助图形化手段，清晰有效地传达与沟通信息。可视化分析主要应用于海量数据关联分析，由于所涉及的信息比较分散、数据结构有可能不统一，借助功能强大的可视化数据分析平台，可辅助人工操作将数据进行关联分析，并做出完整的分析图表，使之简单明了、清晰直观，更易于被人们接受。

2. 数据挖掘算法

数据挖掘算法是根据数据创建数据挖掘模型的一组试探法和计算。为了创建该模型，算法将分析用户提供的数据，针对特定类型的模式和趋势进行查找，并使用分析结果定义用于创建挖掘模型的最佳参数，将这些参数应用于整个数据集，以便提取可行模式和详细统计信息。

3. 预测性分析

预测性分析结合了多种高级分析功能，包括特别统计分析、预测建模、数据挖掘、文本分析、实体分析、优化、实时评分、机器学习等，从而对未来或其他不确定的事件进行预测。

从纷繁的数据中挖掘出其特点，可以了解目前状况以及确定下一步的行动方案，从依靠猜测进行决策转变为依靠预测进行决策。它可以帮助分析用户的结构化和非结构化数据中的趋势、模式和关系，运用这些指标来洞察、预测将来事件，并给出相应的应对措施。

4. 语义引擎

语义引擎是把已有的数据加上语义，可以把它想象成在现有结构化或者非结构化的数据库上的一个语义叠加层。它是语义技术最直接的应用，可以将人们从烦琐的搜索条目中解放出来，让用户更快、更准确、更全面地获得所需信息，提高用户的互联网体验。

5. 数据质量管理

数据质量管理是指对数据从计划、获取、存储、共享、维护、应用、消亡生命周期的每个阶段里可能引发的各类数据质量问题，进行识别、度量、监控、预警等一系列管理活动，并通过改善和提高组织的管理水平使数据质量获得进一步提高。

第二节　企业财务管理概述

一、企业财务管理的基本介绍

企业财务管理在现代企业经营中占据着至关重要的地位。企业通过筹集资金、投入生产经营、售出商品并获得收入，这一系列的活动统称为企业财务活动。财务活动贯穿企业的各个环节和层面，关系企业的生存和发展。为了确保企业财务活动的有序进行并发挥其在经营中的指导作用，企业必须加强财务管理。

企业财务管理是一项综合性的价值管理，涉及资金的筹集、运用、分配及监督。其核心是对企业财务活动的管理和控制，旨在实现企业价值最大化。在企业管理体系中，财务管理的重要性不言而喻。要全面理解企业财务管理的实质，就必须掌握其本质和内容。

企业财务管理的内容广泛而复杂，主要包括固定资金管理、流动资金管理、销售收入和利润的管理、专用基金管理等。固定资金管理是指对企业长期资产的管理，包括设备、厂房等；流动资金管理涉及对现金、应收账款、存货等的管理；销售收入和利润的管理则是对企业经营成果的管理；专用基金管理则涉及对专项资金的使用和监管。

另一种观点认为，企业财务管理的主要内容可以归纳为筹资管理、投资管理、营运资金管理以及利润分配管理。筹资管理是指企业通过各种渠道筹集资金，以满足生产经营的需要；投资管理涉及企业如何有效地使用资金进行投资，以获取最大回报；营运资金管理关注的是企业日常经营活动中的资金运转；利润分配管理则涉及企业如何将盈利合理分配给股东或进行再投资等。

在企业中，财务管理最重要的职能是对生产经营活动进行指导和支持。财务部门通过对数据的分析，能够快速了解业务的变化情况，从而提升对经济活动的洞察能力。财务人员需要具备高度的专业敏感度，能够通过数据分析预测企业的经营走势，提供科学的决策依据。

企业财务管理还需要注重风险控制。在现代市场环境中，企业面临的风险多种多样，包括市场风险、信用风险、操作风险等。有效的财务管理能够帮助企业识别、评估并应对这些风险，确保企业的财务安全和稳健运行。

综上所述，企业财务管理不仅是对资金的管理，更是一项综合性的管理活动。它贯穿企业经营的各个环节，对企业的生产经营活动具有重要的指导作用。通过科学的财务管理，企业能够优化资源配置，提高经济效益，实现可持续发展。因此，企业必须高度重视财务管理工作，提高财务管理水平，确保企业在激烈的市场竞争中立于不败之地。

二、企业财务活动

企业财务活动是企业在生产经营过程中涉及的一系列资金流动和财务管理事

项。这些活动是企业正常运转和持续发展的基础，其核心内容涵盖筹资管理、投资管理、营运资金管理以及利润分配管理。每一个环节都与企业的财务健康和战略目标息息相关，因此，系统而深入地理解和管理这些活动对企业至关重要。

（一）筹资管理

筹资管理是企业财务活动的起点，是指企业通过各种渠道和方式筹集资金，以满足生产经营和发展所需的资金需求。筹资管理的最终目标是在保障企业资金需求的前提下，最大限度地降低筹资成本，合理控制财务风险，同时优化资本结构，以增强企业的财务稳定性。

1. 筹资方式与筹资渠道

企业筹资的方式可以分为内部筹资和外部筹资两大类。

内部筹资作为企业财务管理的重要一环，其核心在于利用企业内部资源来满足资金需求。具体而言，内部筹资包括将企业的留存收益、折旧资金以及日常经营中的内部积累转化为投资或运营资金。这种方式的优势显而易见：首先，它避免了外部融资所带来的高额利息负担，从而有效降低了企业的融资成本；其次，内部筹资不增加企业的外部负债，有助于维护企业的良好信用状况，为未来的融资活动奠定坚实基础；最后，内部筹资还能增强企业的财务自主性，使企业能够更灵活地应对市场变化。然而，内部筹资同样存在其局限性，其中最显著的一点就在于筹资规模受到企业盈利能力和资金积累速度的直接制约。在盈利能力不足或资金积累缓慢的情况下，企业可能难以在短时间内筹集到足够的资金以满足发展需求。

外部筹资通过企业外部的资金来源获取资金，主要包括银行贷款、发行债券、股权融资以及租赁融资等形式。银行贷款是企业最常见的外部筹资方式之一，它具有筹资额度大、期限灵活等优点，但审批手续复杂且贷款利率较高。发行债券是一种通过金融市场筹集长期资金的方式，债券利率通常较低，因而筹资成本较低。然而，发行债券要求企业具备较高的信用评级和良好的市场形象，这对一些企业而言可能存在一定的挑战。股权融资是通过发行股票来筹集资金，这种方式不需要企业承担还本付息的压力，但会导致现有股东股份的稀释，可能影响股东的控制权。租赁融资则是企业通过租赁设备、厂房等方式获取资金，这种方式不增加企业的负债，也不占用大量资金，但租赁费用较高。

企业在选择筹资方式时，需要根据自身的实际情况进行综合考量。选择合适的筹资渠道与方式，能够有效地降低筹资成本，控制筹资风险，从而保障企业的财务安全。此外，企业还应根据资金的用途和需求，合理配置短期和长期资金，避免短期资金用于长期投资，或长期资金用于短期周转，以提高资金使用效率。

2. 筹资决策与管理目标

筹资决策是企业财务管理中的重要环节，它涉及对筹资方式、筹资渠道、筹资成本及筹资风险的综合评估。首先，在明确资金需求量的基础上，企业需要精细考量，确保筹资方案精准对接生产经营的每一个细节，既不过度冗余，也不致捉襟见肘。其次，筹资成本的把控，是企业智慧与策略的展现，通过细致入微的比较分析，力求在利息、费用及条件等多个维度上找到最优解，实现成本的最小化。而筹资风险的管理，更是对企业风险意识的考验。企业需要对每一种筹资方式可能引发的财务风险进行全面评估，审慎选择风险可控的方案，确保财务稳健，为企业的长远发展奠定坚实基础。此外，筹资期限的合理规划也是不可忽视的一环，企业需要根据资金的实际需求与使用周期，精心安排资金来源，确保筹资与使用的无缝衔接，避免期限错配带来的不必要压力。

筹资管理的最终目标是以最低的成本筹集到足够的资金，满足企业生产经营和发展的需要，同时优化企业的资本结构，提升财务稳定性和偿债能力。通过合理的筹资管理，企业不仅能够满足日常运营和战略发展的资金需求，还能在激烈的市场竞争中保持财务灵活性和竞争优势。

（二）投资管理

投资管理是企业财务管理的核心内容之一，是指企业通过科学的投资决策和管理，实现资本增值的过程。投资管理涉及企业在不同领域的资金投入，通过有效的管理与决策，企业可以实现资源的最优配置，提高投资收益，降低投资风险，从而实现企业价值最大化。

1. 投资决策的关键要素

投资决策是企业投资管理的起点，也是决定投资成败的关键环节。投资决策主要包括投资项目的选择、投资金额的确定、投资方式的选择等多个方面。

企业在进行投资决策时，首先要对项目的可行性进行深入评估，包括市场前景的分析、技术的可行性评估以及经济效益的测算等。通过这些评估，企业可以判断项目是否值得投资，以及投资的风险和潜在回报。

其次，企业需要计算投资项目的回报率，这通常通过净现值（Net Present Value，NPV）、内部收益率（Internal Rate of Return，IRR）、投资回收期等指标来进行评估。净现值可以帮助企业衡量项目的总价值，而内部收益率则反映了项目的盈利能力，投资回收期则显示了企业收回投资成本所需的时间。通过这些指标，企业可以对项目的投资回报有一个清晰的认识，从而作出更加明智的决策。

同时，投资风险的评估也是投资决策中十分重要的一环。企业需要分析项目可能面临的各种风险，包括市场风险、技术风险、财务风险等。通过对这些风险的识别和评估，企业可以制定相应的风险管理策略，以降低投资的潜在损失。

最后，企业还需要考虑投资的资金来源，确保投资项目能够顺利进行而不影响企业的日常运营。

2. 投资方式与管理目标

企业的投资方式多种多样，主要包括固定资产投资、证券投资和对外投资等。固定资产投资通常涉及购买设备、厂房等实物资产，这类投资具有金额大、回收期长的特点，但同时也能显著提升企业的生产能力和市场竞争力。证券投资则是企业通过购买股票、债券等金融资产实现资金增值，这类投资具有流动性好、回报率高的优点，但也伴随着较大的市场波动和投资风险。对外投资则涉及设立子公司、合资企业或进行跨国投资等，通过这种方式，企业可以拓宽业务领域，分散经营风险，但同时也需要企业具备较强的管理能力和资金实力。

投资管理的最终目标是通过科学的投资决策和管理，实现企业资本的增值。具体而言，企业需要通过选择优质的投资项目和合理的投资组合，提高投资回报率。同时，企业还需要通过多元化投资和风险对冲等策略，降低投资的系统性和非系统性风险，以确保投资的安全性和稳定性。此外，投资管理还应注重资源的优化配置，通过合理分配企业的资金、技术和人力资源，提高整体的资源利用效率，从而实现企业价值最大化。

3. 投资风险管理的策略

投资风险管理是投资管理的重要组成部分，它主要涉及对投资风险的识别、评估、控制和监控。风险识别是投资风险管理的第一步，企业需要通过分析投资项目的市场环境、技术状况、财务状况等，识别潜在的风险因素。接下来，企业需要对这些风险因素进行量化评估，通过计算项目的风险指标，如标准差、β系数等，来评估风险的大小和对投资收益的影响。

在风险评估的基础上，企业可以制定相应的风险控制措施。例如，通过设立风险准备金、进行风险对冲或分散投资等方式，来降低风险的潜在影响。风险监控是一个持续的过程，企业需要建立完善的投资风险监控系统，实时监控投资项目的风险变化，并根据市场环境的变化，及时调整投资策略。

通过有效的投资风险管理，企业可以在降低投资风险的同时，保持投资收益的稳定性，从而实现企业财务目标的稳步推进。

（三）营运资金管理

营运资金管理是企业财务管理的重要组成部分，主要是指企业对流动资产和流动负债的管理，以保障企业日常生产经营活动的顺利进行。营运资金管理的目标是通过合理配置流动资产和流动负债，提高资金的使用效率，降低资金成本，确保企业的财务安全与稳定。

1. 流动资产与流动负债管理

流动资产管理是营运资金管理的核心内容之一，涉及对企业现金、应收账款、存货等流动资产的管理。现金管理是流动资产管理的基础，现金流是企业生命线，确保充足的现金流是保障企业正常运营的重要条件。通过合理的现金预算和加强现金流量监控，企业可以有效防范现金流短缺的风险，确保企业能够及时履行支付义务，避免因资金链断裂而导致的经营困境。应收账款管理是流动资产管理的重要环节，它涉及企业对客户的信用管理和账款回收策略。合理的应收账款管理不仅能够提高企业的资金回收率，还可以降低坏账风险，从而提高企业的资金利用效率。企业可以通过加强客户信用评估、制定合理的信用政策以及及时的账款催收，来优化应收账款管理。存货管理是流动资产管理的另一个关键内容，合理的存货管理可以有效减少存货积压，降低存货成本，提高资金的周转速度。企业需要通过制订科学的存货计划，加强存货的日常监控和管理，优化存货结构，确保存货水平与企业的生产经营需求相匹配，从而提高存货管理的效率。

流动负债管理则主要涉及对企业短期借款、应付账款等流动负债的管理。短期借款管理是流动负债管理的核心内容，企业通过合理控制短期借款的规模和结构，可以降低资金成本，提高资金使用效率。企业应制订科学的短期借款计划，选择合适的借款渠道，并加强借款管理，以确保短期借款的合理使用。应付账款管理是流动负债管理的另一重要内容，通过合理安排应付账款的支付时间和规模，企业可以有效提高资金使用效率，降低资金成本。企业需要制定合理的应付账款政策，加强与供应商的沟通和合作，优化支付方式，以实现应付账款管理的最佳效果。

2. 营运资金管理的目标与方法

营运资金管理的目标是通过科学合理的资金配置，提高资金的使用效率，降低资金的持有成本，确保企业的财务安全。具体而言，营运资金管理的目标包括三个方面：一是提高资金使用效率，通过合理配置流动资产和流动负债，优化资金的使用，缩短资金周转周期；二是降低资金成本，通过选择合适的筹资渠道和方式，减少不必要的资金支出，提高企业的盈利能力；三是确保财务安全，通过加强现金管理、应收账款管理和存货管理，降低财务风险，保障企业的财务稳定性。

在营运资金管理中，企业可以采取多种方法来实现上述目标。预算管理是其中的一项重要方法，通过制定全面的预算，企业可以合理安排资金的使用，避免资金的浪费和闲置。成本控制则是通过严格的成本管理，降低企业在生产经营过程中的各项成本支出，提高资金的使用效率。绩效评价是营运资金管理中的另一个重要工具，通过对资金管理效果的定期评价，企业可以发现管理中的问题，并及时采取改进措施，提高营运资金管理的整体水平。

（四）利润分配管理

利润分配管理是企业财务管理的最后一个环节，它直接关系企业和股东的利益。合理的利润分配不仅能够提高股东的回报，增强股东对企业的信任和支持，还可以促进企业的可持续发展。利润分配管理的目标是通过科学的利润分配决策，平衡企业的再投资需求与股东的收益期望，实现企业价值的最大化。

1. 利润分配政策与方式

利润分配政策是企业在利润分配管理中的基本原则，它决定了企业在分配利润时所遵循的规则和方法。企业在制定利润分配政策时，需要综合考虑多个因素，包括企业的盈利能力、发展需求、股东期望以及法律法规的要求等。企业需要根据自身的盈利状况和发展战略，合理安排利润的分配比例，既要满足股东的收益要求，又要确保企业有足够的资金用于再投资和发展。

利润分配的方式主要包括现金股利、股票股利和资本公积转增股本等。现金股利是企业通过现金形式向股东分配利润，具有灵活性强、操作简便的优点，但会直接影响企业的现金流。股票股利则是企业通过发行新股的形式向股东分配利润，这种方式不会影响企业的现金流，但会导致现有股东股份的稀释，可能影响股东的控制权。资本公积转增股本是将资本公积转增为股本的形式进行利润分配，这种方式同样不会影响企业的现金流，但也会稀释现有股东的股份。

2. 利润分配决策与管理目标

利润分配决策是利润分配管理中的关键环节，它涉及企业如何在满足股东需求和自身发展的同时，合理分配利润。企业在进行利润分配决策时，首先需要分析企业的盈利状况，根据实际的盈利能力，确定合理的利润分配比例，既要保证股东的合理回报，又要确保企业有足够的资金用于再投资和发展。其次，企业需要综合考虑发展战略，根据企业的发展规划和资金需求，合理安排利润的再投资比例。企业的发展需要是利润分配决策的重要因素，合理的再投资可以增强企业的竞争力，提高企业的长期盈利能力，促进企业的可持续发展。最后，企业还需要考虑股东的期望，股东的收益期望是利润分配决策中不可忽视的重要因素。通过合理安排利润的分配比例，企业可以提高股东的满意度，增强股东对企业的信任和支持，从而为企业的发展提供更加稳定的资金来源。在利润分配管理中，企业还需要遵循法律法规的要求，确保利润分配的合法合规。通过合理安排利润的分配，企业不仅可以提高股东回报，促进企业的发展，还可以保持财务的稳定性，确保企业的财务安全。

3. 利润分配管理的综合目标

利润分配管理的最终目标是通过科学的利润分配决策，平衡企业和股东的利益，实现企业的可持续发展。通过合理的利润分配，企业可以提高股东的回报，增强股东对企业的支持和信任；通过合理的再投资，企业可以提高自身的竞争力和盈利能力，促进企业的长期发展；通过合理的财务管理，企业可以保持财务的稳定性，确保企业在激烈的市场竞争中立于不败之地。

综上所述，企业财务活动是企业生产经营过程中不可或缺的环节，包括筹资管理、投资管理、营运资金管理和利润分配管理。这些活动相互联系、相互影响，共同构成了企业财务管理的完整体系。通过科学的财务管理，企业可以提高资金使用效率，降低财务风险，实现企业价值最大化，确保企业在激烈的市场竞争中保持竞争优势。

三、企业财务关系

企业财务关系是指企业在经济活动中，与各类利益相关者之间因资金流动和财务事项所形成的经济关系。这些关系贯穿企业的筹资、投资、运营和利润分配等各个环节，直接影响着企业的财务状况和经营成果。下面将从企业与投资者、债权人、受资者、债务人、政府、企业内部各部门以及员工之间的财务关系七个方面进行详细阐述。

（一）企业与投资者之间的财务关系

企业与投资者之间的财务关系主要围绕资本的投入与回报展开。投资者通常通过购买企业的股票或出资成立公司，从而成为企业的股东或所有者，他们期待通过企业的经营活动获得回报。企业则通过筹集资本，利用投资者的资金开展生产经营活动，并在盈利后按照一定的分配政策向投资者提供回报。

1. 资本投入

投资者在成为企业的股东时，通常通过直接出资或购买股票的方式将资本投入企业。企业通过这些资金进行生产经营，资本投入的规模和来源直接影响企业的资本结构与财务稳定性。股东作为企业的所有者，承担了相应的投资风险，同时享有企业的经营权、收益权和部分决策权。

2. 投资回报

投资回报是投资者最为关心的财务事项之一。企业通过盈利后，按照一定的比例将利润分配给股东，这通常表现为股息或红利。企业的盈利能力和利润分配政策直接影响到股东的收益水平。为了确保股东的满意度，企业需要制定合理的利润分配政策，并保证企业长期稳定的盈利能力。此外，股价的变动也是投资者回报的一部分，股价的上涨可以为投资者带来资本增值，反之则可能导致投资损失。

3. 信息披露和财务报告

企业与投资者之间还通过信息披露和财务报告维持财务关系。企业需要定期向投资者提供财务报表和经营状况的相关信息，以便投资者能够了解企业的财务健康状况和未来发展前景。透明、准确的财务信息不仅可以增强投资者的信任，还可以提高企业在资本市场中的声誉，吸引更多的投资者。

4. 风险与责任

企业的经营风险直接关系投资者的利益。如果企业经营不善，投资者可能面临股价下跌或无法获得分红的风险。此外，如果企业破产，股东作为剩余财产的索取人，只能在偿还所有债务之后获得剩余财产，因而其风险最大。投资者的财务决策会受到企业经营状况、市场环境以及宏观经济政策的影响，因此需要对企业进行全面的风险评估和审慎的投资决策。

（二）企业与债权人之间的财务关系

债权人是指那些通过借款、提供贷款或购买债券等形式向企业提供资金的个人或机构。企业与债权人之间的财务关系主要体现在借款、利息支付、债务偿还以及信用评级等方面。债权人通常不参与企业的经营决策，但对企业的偿债能力和财务稳定性高度关注。

1. 借款与债务融资

企业在经营过程中，经常需要通过借款来补充流动资金或进行大额投资。借款可以来自银行、金融机构或通过发行债券获得。企业通过借款获取资金，而债权人则通过借贷获得利息收入。借款合同通常会规定贷款的期限、利率、还款方式等具体条款，这些条款直接影响企业的财务状况和现金流。

2. 利息支付

利息支付是企业对债权人承担的主要财务责任之一。企业在使用借款时需要支付利息，这是债权人获取回报的主要途径。利息的支付直接影响企业的利润水平和现金流管理。如果企业的借款规模较大，利息支出可能会对企业的盈利能力和财务稳定性产生重大影响。

3. 债务偿还

企业与债权人之间的财务关系还包括债务偿还的责任。企业需要按照合同约定的时间和方式偿还借款本金。债务偿还的顺利与否直接关系企业的信用评级和融资能力。如果企业不能按时偿还债务，可能面临法律诉讼、资产冻结等严重后果，同时也会对企业的声誉和未来融资能力产生负面影响。

4. 信用评级与风险管理

信用评级是债权人评估企业偿债能力的重要依据。信用评级机构通过对企业财务状况、经营表现、市场环境等多方面的分析，给出企业的信用等级。较高的信用评级可以帮助企业降低融资成本，增加融资渠道；反之，较低的信用评级则可能增加企业的借款难度和利息成本。因此，企业必须加强财务管理，保持良好的信用评级，降低债权人对企业的风险认知。

（三）企业与受资者之间的财务关系

企业作为投资方，往往需要与受资者（如子公司、联营企业或被投资企业）建立财务关系。这种关系主要体现在资本投入、利润分享、财务监督与控制等方面。企业通过对外投资，实现资本增值和业务扩展；而受资者则通过获得企业的资金支持，实现自身的发展和成长。

1. 资本投入与股权获取

企业在对外投资时，通过向受资者投入资本获取股权，成为受资者的股东或合伙人。资本投入的形式可以是现金、技术、设备等。企业通过资本投入，获得了对受资者的所有权或控制权，享有相应的决策权和收益权。企业的资本投入规模和方式，直接影响受资者的资本结构和经营能力。

2. 利润分享与股息分配

企业与受资者之间的财务关系还体现在利润分享和股息分配上。当受资者实现盈利时，企业作为股东，有权根据持股比例分享利润。股息分配是企业获得投资回报的主要形式之一。受资者的盈利能力和利润分配政策直接影响企业的投资收益和资本回报。

3. 财务监督与控制

企业对受资者的财务监督与控制是保障投资安全和实现资本增值的重要手段。企业通常通过派驻董事、监事或财务人员，参与受资者的经营管理，监督其财务状况和资金使用情况。通过有效的财务监督，企业可以及时发现并纠正受资者在经营和财务管理中的问题，降低投资风险。

4. 风险分担与控制

企业与受资者之间的财务关系还涉及风险分担与控制。企业作为投资者，需要对受资者的经营风险和财务风险进行评估与控制。为了降低风险，企业可以采取多元化投资、建立风险准备金等措施。此外，企业还可以通过合约条款与受资者明确风险分担的责任，确保在受资者出现经营不善或财务困境时，企业能够尽量减少损失。

（四）企业与债务人之间的财务关系

企业在经营过程中，往往会与债务人（如客户、合作伙伴）形成财务关系。企业作为债权人，需要对债务人的偿债能力和信用状况进行评估，并通过有效的信用管理和债务催收，确保企业的资金安全。

1. 赊销与信用管理

企业在销售商品或提供服务时，常常会允许客户赊账，这种情况下客户即成为企业的债务人。赊销虽然有助于扩大销售规模和增强客户黏性，但也带来了应收账款的风险。因此，企业必须加强信用管理，评估客户的信用状况，制定合理的信用政策，防范坏账风险。

2. 应收账款管理

应收账款管理是企业与债务人之间财务关系的重要内容。企业需要对客户的应收账款进行分类管理，及时跟踪账款的回收情况，并制定有效的催收策略。对于长期未回收的账款，企业还需要采取法律手段进行追讨，确保企业的资金不被占用。

3. 债务重组与风险控制

当债务人出现财务困难，无法按期偿还债务时，企业可以通过债务重组的方式与债务人达成新的还款协议。债务重组包括延长还款期限、降低还款金额、债转股等方式。通过债务重组，企业可以降低损失，提高债务回收的可能性。与此同时，企业还需要加强风险控制，对高风险客户采取更加严格的信用政策，避免未来发生类似的问题。

4. 法律保护与追偿权

企业作为债权人，还可以通过法律途径保障自身权益。在债务人无法履行还款义务时，企业可以通过法律诉讼要求债务人偿还债务，或对债务人的资产进行追偿。法律保护是企业确保资金安全的重要手段，也是企业与债务人之间财务关系的重要组成部分。

（五）企业与政府之间的财务关系

企业与政府之间的财务关系是企业财务管理中的重要方面。企业在经营过程中，需要遵循政府的财务法规和政策，同时也要承担相应的税收责任。政府则通过税收、补贴、政策支持等方式影响企业的财务状况和经营活动。

1. 税收义务与财务管理

税收是企业与政府之间最为直接的财务关系。企业在经营过程中需要按照国家和地方政府的税收法规，缴纳各种税费，如增值税、企业所得税、个人所得税等。税收义务是企业的法定义务，企业必须严格遵守税法，及时申报和缴纳税款，避免税务风险。同时，企业还可以通过合理的税务筹划，降低税负，提高企业的净利润。

2. 财务审计与监督

政府对企业的财务活动进行审计与监督，以确保企业依法纳税、合法经营。政府的财务审计通常由税务机关或审计部门进行，审计范围包括企业的财务报表、纳税申报、账务处理等。通过财务审计，政府可以发现企业在财务管理中的问题，并对其进行整改。企业必须积极配合政府的审计工作，并不断完善自身的财务管理体系，确保合规经营。

3. 政策支持与补贴

政府通过各类政策支持和补贴，直接影响企业的财务状况和经营决策。例如，政府可能会对特定行业、技术创新、环保项目等提供财政补贴或税收减免，这些支持可以减轻企业的财务负担，提升企业的竞争力。企业应积极了解和利用政府的各项政策支持，优化财务决策，促进企业的发展。

4. 法律法规的遵守与风险管理

企业在经营过程中必须遵守国家的各项法律法规，包括财务、税务、环保、劳动等方面的规定。违反法律法规不仅会带来经济处罚，还可能影响企业的声誉和市场地位。因此，企业必须加强法律合规管理，建立健全风险管理体系，及时应对政府法规的变化，降低法律风险。

（六）企业内部各部门之间的财务关系

企业内部各部门之间的财务关系主要体现在资金分配、费用核算、内部结算和绩效考核等方面。企业通过内部财务管理，确保各部门的财务活动有序进行，促进企业整体目标的实现。

1. 资金分配与预算管理

企业内部各部门的资金分配是财务管理的重要内容。企业通过年度预算，将资金合理分配到各个部门或子公司，确保其能够正常开展生产经营活动。资金分配的合理性直接影响各部门的工作效率和经营效果。企业必须制定科学的预算管理制度，确保资金的有效利用，避免资源浪费。

2. 费用核算与成本控制

费用核算是企业内部财务管理的核心环节。各部门在生产经营过程中产生的各种费用，如原材料费、人工费、管理费等，都需要进行准确的核算和记录。通过费用核算，企业可以了解各单位的成本构成，并采取有效的成本控制措施，降低生产成本，提高经营效益。

3. 内部结算与财务监督

企业内部各部门之间的业务往来通常需要进行内部结算。内部结算包括内部交易的计价、结算程序和账务处理等。通过内部结算，企业可以实现资源的合理配置和资金的高效运作。此外，企业还应加强对各部门财务活动的监督，通过定期审计、财务分析等手段，及时发现并纠正财务管理中的问题，确保企业整体财务的健康运行。

4. 绩效考核与激励机制

绩效考核是企业内部财务管理的重要组成部分。企业通过对各部门的财务绩效进行考核，评估其经营成果和管理效率。绩效考核的结果通常与激励机制挂钩，通过奖金、晋升等方式，激励各部门提高财务管理水平和经营效率。企业需要制定科学的绩效考核体系，确保考核的公平性和透明度，从而提升企业的整体竞争力。

（七）企业与员工之间的财务关系

企业与员工之间的财务关系主要体现在工资支付、福利待遇、职业发展和劳动合同等方面。这种财务关系不仅关系员工的生活质量和工作积极性，也会直接影响企业的生产效率和经营成果。

1. 工资支付与福利待遇

工资支付是企业与员工之间最基本的财务关系。企业通过支付工资，获得员工的劳动服务。工资支付的及时性和合理性将直接影响员工的工作积极性与企业的稳定性。除了工资外，企业还需要提供各种福利待遇，如社会保险、住房公积金、带薪休假等。通过提供有竞争力的薪酬福利，企业可以吸引和留住优秀人才，提高员工的忠诚度和工作效率。

2. 职业发展与培训投入

企业与员工之间的财务关系还体现在职业发展和培训投入上。企业需要通过各种形式的职业培训和技能提升，为员工提供职业发展的机会。这种投入不仅有助于提升员工的工作能力和岗位适应性，还可以增强企业的整体竞争力。培训投入是企业的一项长期投资，通过对员工的教育和培养，企业可以实现人力资本的增值，促进企业的可持续发展。

3. 劳动合同与财务保障

劳动合同是规范企业与员工之间财务关系的重要法律文件。合同中通常明确规定了工资标准、福利待遇、工作内容、工作时间等具体事项。企业必须严格按照劳动合同的约定，履行对员工的财务义务，提供相应的工作条件和保障措施。劳动合同不仅是企业与员工之间的法律保障，也是双方利益的基础。通过合理的劳动合同管理，企业可以有效防范劳资纠纷，维护企业的正常生产经营秩序。

4. 员工激励与绩效管理

员工激励是企业与员工之间财务关系的重要组成部分。企业通过奖金、股票期权、年终奖等形式对员工进行激励，以提高其工作积极性和企业忠诚度。绩效管理则是通过对员工工作表现的评估，决定其薪酬调整和晋升机会。科学的绩效管理和合理的员工激励机制，能够有效提高员工的工作效率，促进企业的发展。

综上所述，企业财务关系是企业与外部各利益相关者、内部各部门及员工之间因资金流动和财务事项所形成的关系。通过科学的财务管理和关系处理，企业可以实现财务资源的优化配置，提升企业的经营效益和竞争力，促进企业的长期发展。

四、财务管理的目标

财务管理的目标是指企业在财务活动中所追求的最终目的，它决定了企业在资源配置、风险控制和利益分配等方面的方向和策略。不同企业在不同时期和不同环境下可能会选择不同的财务管理目标。常见的财务管理目标包括利润最大化、权益资本净利润率最大化或每股收益最大化，以及企业价值最大化。每一种目标都有其独特的优点和不足，企业在选择财务管理目标时需要综合考虑多种因素。下面将详细探讨这些财务管理目标及其优点和不足。

（一）利润最大化

利润最大化是最传统、最基本的财务管理目标。它强调通过增加收入和减少成本，实现企业利润的最大化。作为财务管理的目标，利润最大化有其独特的优势，但同时也存在一些局限性。

1. 以利润最大化作为财务管理目标的优点

（1）直观明确。利润最大化作为财务管理目标的一个显著优点是其直观性和明确性。利润是企业经营成果的直接反映，也是最能体现企业经济效益的指标之一。通过追求利润最大化，企业可以清晰地了解其经营活动的成效，并作出相应的调整。利润作为一种易于理解的财务指标，不仅能够迅速传达企业的经营状况，还能够帮助管理层和员工明确工作目标，从而在实际操作中得以有效贯彻。

在日常运营中，企业的各种决策都可以通过利润最大化这一目标来进行衡量和评估。无论是产品定价、成本控制，还是市场拓展，所有这些活动的最终目的都是提高企业的盈利水平。因此，利润最大化目标能够为企业的日常运营提供清晰的指导方向，帮助企业在复杂的市场环境中保持竞争优势。

（2）激励管理层和员工。以利润最大化为目标能够有效激励企业管理层和员工。这一目标的实现通常与企业内部的薪酬激励机制密切相关。通过将利润表现与管理层和员工的薪酬、奖金挂钩，企业可以激励员工提高工作效率，增强团队合作，进而提高整体经营效益。

利润最大化目标不仅可以促使管理层关注企业的整体绩效，还能够激发员工在各自岗位上的创造力和主动性。当员工认识到自己的努力与企业的利润息息相关时，他们会更加积极地为企业的经营目标而努力。这种激励效应在竞争激烈的市场环境中尤为重要，因为它能够帮助企业在资源有限的情况下最大化利用其人力资源。

（3）增强企业竞争力。利润最大化的目标有助于企业在市场竞争中取得优势。高额利润不仅可以为企业的持续发展提供充足的资金支持，还可以增强企业的抗风险能力。在充满不确定性的市场环境中，利润丰厚的企业往往能够更好地应对市场波动和经济危机，因为它们拥有更强的财务韧性和更充裕的现金流。

此外，通过不断提高利润水平，企业可以积累更多的资本用于技术研发、市场扩展和品牌建设。这些投资不仅能够提升企业的市场地位，还能够为企业未来的持续增长奠定坚实的基础。因此，利润最大化目标不仅能够提高企业的短期经济效益，还能够促进企业的长期竞争力。

（4）保障股东利益。利润最大化直接关系股东的利益。股东作为企业的投资者，他们关注的核心问题就是投资回报。而企业的利润水平直接决定了股东所能获得的分红和股息。因此，通过追求利润最大化，企业可以有效保障股东的利益，增强他们对企业的信任和支持。

股东的支持对于企业的发展至关重要。通过提供丰厚的回报，企业可以吸引更多的投资者，从而为企业的扩展和发展提供必要的资本支持。此外，高利润水平还可以增强企业在资本市场上的表现，提高股价，进一步巩固企业的市场地位和投资吸引力。

2. 以利润最大化作为财务管理目标的不足

（1）忽视长期发展。尽管利润最大化作为财务管理目标具有其直观性和易操作性，但它也存在明显的局限性，尤其是在长期发展方面。为了实现短期利润最大化，企业管理层可能会采取一些短视的经营策略，如削减研发投入、减少员工培训、降低产品质量等。这些策略虽然能够在短期内提高利润，但可能会损害企业的长期竞争力和市场地位。

此外，利润最大化目标容易导致企业忽视长期投资和战略规划。为了追求短期利润，企业可能会减少对新产品开发和技术创新的投入，而这些正是企业长期可持续发展的关键。因此，尽管短期利润增加了，企业却可能失去了未来的发展潜力。

（2）忽视风险和不确定性。利润最大化目标往往忽视了企业所面临的风险和不确定性。企业在追求高利润的过程中，可能会忽视市场环境的变化、政策法规的调整以及技术进步带来的挑战。这种忽视可能导致企业在经营决策中低估了潜在的风险，从而增加了企业的财务风险和运营风险。例如，为了最大化利润，企业可能会选择进入高风险的市场或投资高风险的项目。然而，这些行为虽然可能带来高额回报，但同时也伴随着巨大的不确定性。一旦市场出现波动或项目失败，企业可能面临巨大的财务损失，甚至影响企业的生存。因此，单纯追求利润最大化可能会使企业忽视潜在的风险，导致决策失误。

（3）不考虑社会责任。以利润最大化为目标的企业，在追求利润的过程中，可能会为了降低成本而忽视员工福利、减少环保投入，甚至采取不道德的商业行为。这种做法虽然可以在短期内增加利润，但从长期来看，可能会损害企业的声誉和品牌形象，甚至引发社会舆论的负面反应。

在现代社会，企业不仅是经济实体，更是社会的一部分。企业的经营活动对环境、社会和社区都有广泛的影响。因此，企业在追求利润的同时，还需要考虑其对社会的责任和义务。如果企业一味追求利润最大化而忽视社会责任，可能会导致消费者对其产品或服务失去信任，最终影响到企业的市场份额和长期发展。

（4）无法衡量企业整体价值。利润最大化目标的另一个不足之处在于它难以全面衡量企业的整体价值。企业的价值不仅体现在利润上，还包括其品牌影响力、市场地位、技术创新能力以及与利益相关者的关系等方面。单纯以利润最大化为目标，可能会导致企业忽视这些重要的无形资产，从而无法全面反映企业的实际价值。例如，一个企业可能通过削减成本提高短期利润，但这种做法可能会损害产品质量和客户满意度，进而影响企业的长期品牌价值。此外，利润最大化目标也难以考虑到企业的社会贡献和环境影响，而这些因素在评估企业整体价值时是不可忽视的。因此，利润最大化虽然能够反映企业的经济效益，但无法全面衡量企业的综合实力和长期发展潜力。

（二）权益资本净利润率最大化或每股收益最大化

权益资本净利润率最大化或每股收益最大化是财务管理中的另一种常见目标。权益资本净利润率（Return On Equity，ROE）是企业净利润与股东权益的比率，而每股收益（Earnings Per Share，EPS）则是企业净利润除以总股本后的结果。这些指标更具体地反映了股东权益的增值情况，因此受到企业和投资者的重视。

1. 以权益资本净利润率最大化或每股收益最大化作为财务管理目标的优点

（1）关注股东权益。以ROE和EPS作为财务管理目标的一个重要优点在于它们直接反映了股东的回报水平。股东作为企业的投资者，最关心的问题就是他们的投资能够获得多少回报。而ROE和EPS正是用来衡量企业在利用股东资本方面的效率以及每股股份能够为股东带来多少收益的指标。

通过追求这些指标的最大化，企业可以确保股东的利益最大化，从而增强他们对企业的信任和支持。这对于企业的长期发展至关重要。一个稳定且持续增长的ROE和EPS，通常意味着企业具有良好的盈利能力和资本运作效率，这不仅能够吸引更多的投资者，还能够提升企业的市场形象和资本市场表现。

（2）衡量企业盈利能力。ROE和EPS是衡量企业盈利能力的关键指标。高ROE意味着企业能够有效地利用股东的资本创造利润，反映了企业管理层在资本配置和运营管理方面的卓越能力；高EPS则意味着每股股份能够为股东带来更多的净利润，显示了企业的整体盈利水平。

这些指标不仅能够帮助企业评估自身的盈利能力，还可以用于与同行业的其他企业进行对比分析。通过这种对比，企业可以了解自身在行业中的相对地位，发现自身的优势和不足，从而制定更加合理的经营策略。

（3）激励管理层和员工。通过将ROE或EPS作为财务管理目标，企业可以有效激励管理层和员工提高生产效率、优化经营管理，从而提升企业的整体绩效。管理层的薪酬和奖金往往与这些财务指标挂钩，因此追求这些指标的最大化，有助于调动他们的积极性，推动企业的可持续发展。

这种激励机制不仅能够提高企业的盈利能力，还能够增强员工的工作积极性和责任感。当员工认识到自己的努力与企业的ROE和EPS息息相关时，他们会更加注重工作效率和质量，从而在日常工作中表现出更高的职业素养和敬业精神。

（4）促进资本市场表现。ROE和EPS是资本市场中投资者和分析师常用的指标。高ROE和EPS通常被认为是企业盈利能力强、投资价值高的标志。通过追求这些指标的最大化，企业可以提高其在资本市场中的表现，吸引更多投资者，提升股价，从而增强企业的资本运作能力。

在资本市场上，投资者往往通过这些财务指标来判断企业的投资价值。一个稳定增长的ROE和EPS，通常意味着企业在市场中的竞争力强，投资风险较低，因此更受投资者青睐。这不仅有助于企业在资本市场上获得更多的资金支持，还可以提高企业的市场估值和股东回报。

2. 以权益资本净利润率最大化或每股收益最大化作为财务管理目标的不足

（1）忽视财务杠杆风险。在追求ROE或EPS最大化的过程中，企业可能会通过增加负债来提升净利润，从而提高这些财务指标。然而，过度依赖财务杠杆可能会增加企业的财务风险，导致债务负担过重。一旦企业无法按时偿还债务或利息，可能面临破产风险。因此，企业在追求这些指标时，必须谨慎使用财务杠杆，平衡收益和风险。

高杠杆虽然可以在短期内提高ROE和EPS，但也伴随着巨大的风险。当市场环境恶化或企业经营出现问题时，高负债可能会使企业陷入财务困境，甚至导致破产倒闭。因此，企业在追求这些财务指标时，必须谨慎权衡风险与回报，避免因过度追求短期财务指标而忽视长期财务稳定性。

（2）可能引发短期行为。ROE和EPS都是短期内可以反映的财务指标，企业管理层可能会为了在短期内提升这些指标，采取一些急功近利的策略，如削减研发投入、减少资本开支、压缩成本等。这种行为虽然在短期内可以提高财务指标，但可能损害企业的长期发展和可持续竞争力。

为了在短期内提升ROE和EPS，企业管理层可能会采取一些短视的经营决策，如过度削减研发费用、推迟必要的资本开支、降低产品质量等。这些行为虽然能够在短期内提高利润，但可能对企业的长期发展造成不利影响，甚至削弱企业的核心竞争力和市场地位。因此，企业在追求这些指标时，必须谨防陷入短期行为的陷阱，保持长期战略的稳定性。

（3）难以反映整体企业价值。虽然ROE和EPS是重要的财务指标，但它们并不能全面反映企业的整体价值。企业的长期价值不仅体现在财务指标上，还包括其市场地位、技术创新能力、品牌影响力等方面。因此，单纯追求这些财务指标的最大化，可能会忽视企业的长期发展潜力和综合竞争力。例如，一个企业可能在短期内通过削减成本来提高每股收益，但这种做法可能会导致产品质量下降、客户满意度降低，从而影响企业的品牌声誉和市场份额。此外，ROE和EPS的波动性较大，容易受到短期市场因素的影响，难以全面反映企业的长期可持续发展能力。因此，企业在追求这些指标时，必须同时关注其他反映企业整体价值的因素，如创新能力、市场份额、客户满意度等。

（4）忽视其他利益相关者。ROE和EPS最大化目标主要关注股东的利益，而忽视了其他利益相关者（如员工、客户、供应商、社区等）的需求和期望。企业如果过分强调这些财务指标，可能会导致员工待遇下降、产品质量降低、客户满意度下降等问题，从而影响企业的可持续发展和社会责任履行。

在现代企业管理中，利益相关者的平衡是至关重要的。企业不仅要关注股东的利益，还要考虑员工的工作环境和待遇、客户的产品体验、供应商的合作关系以及社区的社会影响。如果企业为了提高ROE和EPS而忽视其他利益相关者的需求，可能会引发劳资纠纷、客户流失、供应链不稳定等问题，最终影响企业的长期发展和社会形象。

（三）企业价值最大化

企业价值最大化是近年来在财务管理领域广受推崇的目标。企业价值最大化不仅关注企业当前的盈利能力，还考虑企业的长期发展潜力、市场地位、品牌影响力等多方面因素。与利润最大化和每股收益最大化相比，企业价值最大化目标更为全面、综合。

1. 以企业价值最大化作为财务管理目标的优点

（1）全面衡量企业表现。企业价值最大化目标的一个显著优点在于它能够全面衡量企业的整体表现。与单纯追求利润最大化或每股收益最大化不同，企业价值最大化不仅关注企业的当前盈利状况，还考虑企业的长期增长潜力、市场竞争力、品牌影响力、无形资产等多方面因素。

通过将这些因素纳入考量，企业价值最大化目标能够更全面地反映企业的综合实力和长期发展潜力。这种全面的衡量标准有助于企业在财务管理中作出更加科学、合理的决策，避免因为过度关注短期财务指标而忽视企业的长期战略目标。企业价值最大化目标不仅能够提升企业的经济效益，还能够增强企业的社会责任感和可持续发展能力。

（2）平衡短期和长期利益。企业价值最大化目标有助于企业在追求短期利益和长期发展之间取得平衡。通过关注企业的长期价值，企业可以避免为追求短期利润而牺牲未来发展的行为。例如，企业可能会在短期内增加研发投入、加强市场拓展，以提升未来的竞争力和市场份额。这种平衡有助于企业实现可持续发展，增强其在市场中的地位。

在实际操作中，企业可能会遇到短期利益与长期发展之间的冲突。例如，为了在短期内提高利润，企业可能会削减研发费用或推迟必要的资本投入，但这些做法可能会对企业的长期竞争力造成不利影响。企业价值最大化目标要求企业在短期财务指标与长期战略目标之间找到平衡点，从而确保企业的可持续发展和长期竞争优势。

（3）关注所有利益相关者。企业价值最大化不仅关注股东的利益，还考虑到其他利益相关者的需求和期望。通过关注员工、客户、供应商、社区等多方面的利益，企业可以建立良好的社会关系，提升品牌形象，增强企业的社会责任感。这种全面的利益考量有助于企业构建和谐的经营环境，提升企业的社会价值和声誉。

在现代社会，企业不仅是经济实体，更是社会的一部分。企业的经营活动对社会和环境产生广泛影响，因此，企业在追求财务目标的同时，还必须关注其对社会的责任。企业价值最大化目标强调企业在创造经济价值的同时，也要关注社会价值和环境影响，从而实现经济效益与社会效益的双赢。

通过与利益相关者建立良好的关系，企业可以增强其社会责任感和公信力。这不仅有助于提升企业的品牌形象，还可以在市场竞争中赢得消费者的信任和支持，从而增强企业的市场竞争力和可持续发展能力。

（4）适应市场环境变化。企业价值最大化目标具有较强的适应性，能够应对市场环境的变化。在快速变化的市场环境中，企业面临的不确定性和风险因素较多，单纯追求利润或每股收益最大化可能难以应对这些挑战。而企业价值最大化目标可以帮助企业在变化的市场环境中保持灵活性，通过综合考虑各种因素，做出更加科学和稳健的财务决策。

在市场环境不断变化的背景下，企业需要具备较强的适应能力，以应对各种不确定性和风险。企业价值最大化目标强调综合考量市场趋势、技术进步、政策变化等多方面因素，从而帮助企业在复杂多变的环境中保持竞争优势。通过将企业价值最大化作为财务管理目标，企业可以在市场环境发生变化时作出更为稳健的决策，从而降低风险，增强企业的长期竞争力。

2. 以企业价值最大化作为财务管理目标的不足

（1）难以量化和衡量。与利润最大化和每股收益最大化相比，企业价值最大化目标较难量化和衡量。企业价值的评估通常需要考虑多方面的因素，如市场预期、风险评估、无形资产价值等，这些因素具有较大的主观性和不确定性。因此，在实际操作中，企业价值最大化目标的具体实现路径可能较为复杂，难以通过简单的财务指标来衡量。例如，企业价值最大化需要综合考虑市场预期、品牌影响力、技术创新、客户满意度等因素，而这些因素往往难以通过量化指标来精确衡量。因此，企业在实际操作中可能面临评估困难，难以准确判断企业价值的增长情况。此外，企业价值的评估还可能受到外部市场环境、宏观经济政策等不确定因素的影响，从而增加了企业财务管理的复杂性。

（2）决策复杂性增加。企业价值最大化目标要求企业在财务决策中综合考虑多方面的因素，这增加了决策的复杂性。企业管理层需要对市场趋势、技术发展、政策环境等进行全面的分析和判断，从而作出符合企业长期价值的决策。这种复杂性可能会延长决策周期，增加企业的管理成本，同时对管理层的综合能力提出了更高的要求。

在实际操作中，企业管理层需要在决策过程中权衡各种复杂因素，如短期利润与长期价值之间的平衡、风险与收益之间的权衡、市场需求与技术创新之间的协调等。这些复杂的决策过程不仅增加了管理层的工作负担，还可能延长决策时间，影响企业的市场反应速度。此外，企业价值最大化目标的实现还需要综合运用多种管理工具和方法，如战略规划、财务分析、风险管理等，这对企业管理层的综合素质和专业能力提出了更高的要求。

（3）短期激励不足。企业价值最大化目标更倾向于长期利益，而在短期内可能无法体现出显著的财务成果。这可能导致企业在短期内缺乏足够的激励机制，特别是在股东和投资者关注短期回报的情况下，企业可能面临一定的压力。因此，如何在追求长期价值的同时，兼顾短期利益，是企业在实际操作中需要解决的一个难题。

在资本市场上，投资者往往更加关注企业的短期业绩表现，如季度利润、每股收益等。企业价值最大化目标强调长期发展，而可能在短期内无法体现出显著的财务成果，这可能导致投资者对企业的短期表现不满，从而影响股价表现和投资者信心。此外，管理层和员工的薪酬激励机制通常与短期财务指标挂钩，如果企业过分强调长期价值，可能导致短期激励不足，影响员工的工作积极性和管理层的决策动力。

（4）信息不对称问题。企业价值最大化目标的实现依赖大量的信息和数据。然而，在实际操作中，企业内部和外部的信息可能存在不对称的情况，管理层和股东之间的信息差异可能导致财务决策的偏差。信息不对称问题不仅影响决策的准确性，还可能导致股东和管理层之间的信任危机，从而影响企业的治理结构和整体价值的实现。

信息不对称是企业管理中的常见问题，尤其是在复杂的市场环境和多变的政策背景下，企业的内部信息和外部信息往往难以完全对称。这种信息不对称可能导致管理层在决策过程中高估或低估企业的实际价值，从而作出错误的财务决策。此外，信息不对称还可能导致股东和管理层之间的沟通不畅，影响企业的治理结构和管理效率。因此，企业在追求价值最大化目标时，必须重视信息透明度的提高和信息沟通的畅通，以减少信息不对称带来的负面影响。

综上所述，财务管理的目标多种多样，不同的目标各有其优点和不足。企业在选择财务管理目标时，需要结合自身的实际情况、发展阶段、市场环境以及利益相关者的需求，做出最适合的选择。无论是利润最大化、权益资本净利润率最大化，还是企业价值最大化，最终都是为了实现企业的可持续发展和综合竞争力的提升。通过科学合理的财务管理，企业可以在激烈的市场竞争中保持优势，实现长远发展。

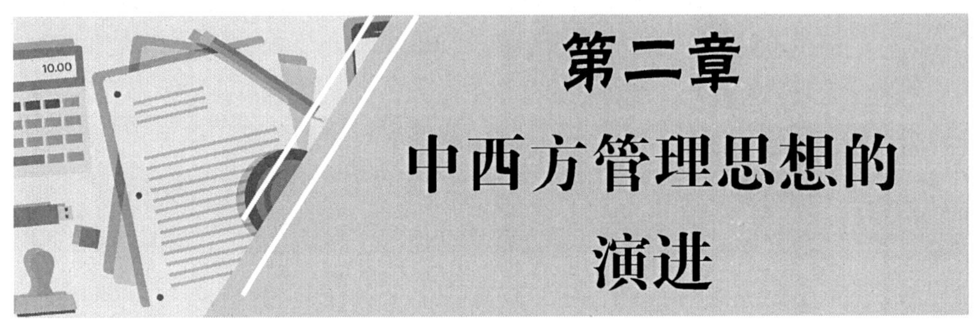

第二章 中西方管理思想的演进

第一节 中国管理思想的演进

人类的所有创新，都是基于对既往历史的继承，管理思想的演进也是如此。

历史既不能割裂也不能跨越，中国社会是传统惯性最大的人类种群，管理又是在本土情境下的思考和实践，所以，探究中国管理的现状和未来，有必要适当地梳理之前的演进历程，总结必要的经验和教训，以指导当前的管理实操。

一、中国古代、近代管理思想的演进

中国数千年的管理思想源远流长，既有一脉相传的规律内涵，也有阶段性纷呈的演进特征。作为一种文化现象，中国管理文明一个显著的发育特征，就是远超其他国家和地区的“早熟”。从西周时期开始，历朝历代的社会管理者逐步构建的“科层宗法制”的社会管理模式，基本确定了中国社会数千年演进的基本路径，此后绵延持续，迄今依然影响深远。

科层宗法制的核心特征是管理层级、家族伦理和宗教神权的三者合一，最高统治者既是法定权威又是家族族长，也是天意的神圣代言。最高统治者分权给各地诸侯进行属地管理。由于当时缺乏通信工具，信息传递和管理效率受到极大

限制，诸侯国各自为政成为较有效率的社会管理模式。各地“子公司”具备独立倾向，于是统治者以伦理的力量保持诸侯国的向心力，受封诸侯或为亲属或为至交，以血缘或类血缘纽带维系最高统治者的族长权威。

（一）周代视制度决策为管理核心要务

周代的社会管理与当代的企业管理大道相通，二者的管理思想都是要为组织体设置一定的秩序结构和行为模式，最终实现组织目标。周代管理思想之卓越，在于已经把制度决策作为管理的核心，其整体管理制度设计同时包括“权力秩序”“显露亲情”“管理思想”三大要素。周代具备强制力的社会行为规范明明是“法”，却冠之以“礼”的名义，管理思想已经相当成熟。试看当代许多企业管理者，都一定既是企业的法定领导人，又是全体组织成员的优秀带头人。

周代确立的社会管理模式，使伦理关系成为中国人社会交往的基本准绳，这既增强了维护统一与内部和谐的向心力，也对关系的远近亲疏进行了较严格的划分，这是现代中国企业管理必须破解的难题。

（二）春秋战国探究管理者责任

在周代开创中国社会管理的基础模式后，随着时代环境的不断演化，春秋战国时期，人们在社会管理、生产管理、军事管理等诸多方面都进行了深刻反思。诸侯争霸的环境促进了思想的进化。每一个诸侯国都相当于一家企业，在竞争中生存图强，丰富的实践为思想的发展提供了最好的温床。诸子百家争鸣的时代，是中国古代管理思想大放异彩的时代。

诸子百家的管理思想，揭示和反映了人类一般管理活动中带有普遍指导意义的很多共通规律，其中以儒、道、法、兵四家学说影响最为深远。

儒家推崇社会秩序，希望通过管理者的自省和施行仁政，实现等级森严又亲切和谐的大同世界。道家崇尚自然规律，其提出的在掌握管理规律基础之上的“无为而治”，迄今仍是企业管理者艳羡的境界。法家追求效率，崇尚集权主义和功利主义的组织管理方式，尤为珍贵的是法家对具体的管理方法倾注了深刻的关注，在生产管理、商贸交易、组织设计、奖惩条例等几个方面，都有超乎寻常的理论建树和切实可行的执行方案。兵家致力探究博弈，通过管理者的决策指挥和资源占有、配置，在竞争中提升组织的效率，实现组织利益的最大化。兵家思想迄今仍是商业竞争中卓越的管理指引。

诸子百家的不同思想，并不是彼此割裂和对立的思想主张，而是在交流激荡中不断融合、相互启发和共同进步的思想文明。大道相通的是，诸多学派虽然从不同角度论述管理思想，但不约而同选择的核心命题都是管理者的责任，这是思想演进规律使然。管理没有新的问题，只是在不同时代有不同的表现形式。诸子百家管理思想的综合运用，成就了中国先秦管理文明的辉煌。实际上，管理的成功，必然是综合要素的结果，单一特长不能成就组织的基业长青。某一项管理思想的合理性，必然是在一定条件下的合理性，外界情势变迁，管理思想和管理实践就必须与时俱进。从百家争鸣开始，中国管理思想的总体演进，呈现出明显的包容性和适应性，各种管理理论相互融合、综合运用，成为之后中国管理实践的基本特征。

（三）秦代具备现代工厂效率的组织体

秦代的统一，首先得益于法家管理无与伦比的效率、实证主义的生产管理方式和奖惩分明的绩效考核机制，这使秦国成为具备现代工厂效率的组织体，使统一六国成为管理实践的必然结果。秦代的组织制度建设趋于成熟，中央集权的“郡县科层制”取代了容易导致分权离散现象的封建分封制，同时充分重视技术手段对管理目标的支持，“五同”（统一文字、车轨、货币、税率和度量衡）的决策有效地保证了组织体的管理效率，降低了组织管理成本，并为统一的中华民族的形成创造了基本条件。秦代管理模式设计之科学，以至于“百代皆用秦制”，两千年后的今天，这种科层制依然是组织管理架构的基本方式，无论是行政管理还是企业管理。

（四）汉亦官亦商

自汉代开始，中国的社会管理和经济管理出现相当大的竞合。周代建立的“工商食官”的社会经济模式在汉代被充分强化，朝廷在承担社会管理职能的同时，本身已充分企业化。

（五）隋唐三项政策奠定基础

隋唐时期出现了影响中国管理思想的三项政策，即三省六部制、均田制和科举制。

三省六部制是对秦代设立的中央集权管理架构的丰富和完善，职能部门分工负责，科层流程清晰，与现代企业职能式的管理方式基本一致。唐代“中书出令、门下封驳、尚书受行”的权力制约模式，是相当科学的分散决策风险和保障组织效率的制度创新，迄今仍值得企业管理者借鉴。

均田制则是对社会利益结构的重新规划，通过对社会生产要素的再分配以及明确各生产单位的“税赋责任”，激励更多经济产出，使秦汉以来形成的自耕农生产方式进一步发展。

科举制度为社会不同阶层提供了上下流动的可能，以“晋升机会”激励社会群体的文化向心力，并为官僚管理阶层提供人才储备，更重要的是，科举制进一步有效地引导了全社会知识分子的思考范围和思维方式，提升了朝廷对社会思想的驾驭能力。

总之，隋唐社会的管理，从组织机构设置、社会利益格局、晋升机制、文化引导等多方面多管齐下，把整个社会组织经营成为傲视世界的大唐盛世。

（六）两宋宏观调控的早期实现

两宋是中国历史上卓尔不群的商业社会。社会工商业相当繁荣，不但四大发明陆续完成，而且已经出现了商标、广告、纸币等商业符号。与此社会基础对应的，朝廷已经懂得用经济手段进行社会管理，其具备的宏观经济调控能力相当超前，比如以常平仓为枢纽，用经济手段调控丰歉年度的不同粮价。思想家、政治家王安石是中国农业文明时期的“管理大师”，不但提出了刺激经济增长的管理理论，而且设计了整套操作方案尝试践行，其核心观点是“民不加赋而国用饶”，即在税率不变的前提下增加生产产出和财政收入，具体方法包括政府增加投资、借款给农户扩大生产、多渠道社会性融资建设基础设施等。这些思想和做法都为后世带来了宝贵的经验。

（七）明清儒商理念初步形成

明清时期，人类进入工业化的准备时期，中国经济发展的总量达到顶峰，但边际效益已经递减。统治者摒抑交流虽然对利益集团维护统治地位有利，代价却是全社会的痛苦停滞。管理思想从来不是孤立的、偶然的现象，而是社会经济演进的“理论符号”，是管理文明高度发育的一种标识，社会经济的停滞，必然导致管理思想创新的匮乏。此时中国管理思想的新发展，则是当代儒商理念的初步形成，大概因为明清以后，越来越多的读书人开始经商，“修齐治平”的儒家理想与买卖营利的商业实践相结合，产生出注重现实、诚恳守信、义利相兼的儒商管理理念。同时，调动员工的积极性受到重视。类似山西票号和北京同仁堂等，都尝试用分红制激励伙计的工作热忱，取得了不俗的效果。

鸦片战争之后，中国管理思想产生全新的变迁，管理的核心目标由社会控制演变成推动生产力进步。例如，思想家魏源提出了“师夷长技以制夷”的强国理论，张之洞提出了“中学为体、西学为用”的管理理论。一些在妥协中发展的管理思想，是在当时历史条件下寻求到的一种可能的解决方案，但企业能否顺利发展取决于是否符合朝廷的利益，中国在近代化初期就因此走上了“官商结合”的路子。

之后，随着民间工商业的发育，“实业救国”和“教育救国”成为当时最流行的管理思想，大批仁人志士开始从事中国近代化管理工作，为后来中国管理思想的演进提供了宝贵的财富。孙中山先生提出了“平均地权、节制资本”的管理思想，是中国近代资本主义管理思想的一个历史性高度，在某种意义上，“节制资本”可被称为人类管理思想演进的永恒使命。

二、中国现代管理思想的发展

中国进行的经济体制改革，极大地促进了现代管理思想的发展，对外开放政策的实施，又为学习和借鉴国外的先进管理经验提供了机会。因此，中国现代管理思想发生了极为深刻的变化。

（一）由国内管理向国际化管理转变

长期以来，中国的宏观管理和微观管理常常囿于本国或本地区的规范之内，往往更多地考虑本国市场、本企业、本组织内部如何进行管理的问题，很少能真正放眼世界。但21世纪的管理环境已发生了根本性的变化，随着中国加入WTO，改革开放步伐迅速加快，经济全球化已经以不可挡之势席卷整个神州大地。

所谓在管理上与国际接轨，就是要加入遍及全球的世界级采购生产系统，打破地区和国界，尽可能多地获取差别利益。为此，就必然要求消除管理上的阻隔，形成管理上的共同语言和方法，管理的国际化是经济全球化发展的必然趋势。

（二）由科学管理向信息化管理转变

经过多年的发展，中国企业的科学管理已形成普遍共识，而随着科技的发展，信息化管理对许多企业来讲已迫在眉睫。这就是中国管理的特色，中国利用后发优势，在信息产业和产业信息化方面正在实现跳跃式发展。

信息化管理并不是简单地用计算机自动程序代替原有的手工程序。而是先对原有的工作流程进行分析、改造，重新组织、调整，使整个工作程序更加合理化，在此基础上再实行信息化管理，这样才能取得良好效果。实际上，中国正在把发达国家几十年中所做的事并在一起做，从而尽快地使各项管理工作迎头赶上国际先进水平。当然，管理信息化需要有一个较长的过程，但这种趋势是确定无疑的。

（三）由封闭式实体管理向开放式虚拟管理转变

随着科学技术的进步，虚拟组织、虚拟公司越来越多。例如，耐克公司只有强大的研发设计中心和采购营销系统，并没有自己的生产车间和生产工厂，但世界其他地方却有为它生产耐克鞋的基地。美国的汽车制造业也正在经历虚拟化的过程，如福特公司。可以预言在未来的发展中，组织的虚拟化将是一种必然趋势，只是各个组织虚拟化的程度和管理方式会各不相同。如何管理好这种开放式的虚拟组织，也将是21世纪摆在中国企业家们面前的重大管理课题。

在社会进步的历程中，器物层面的提高能够通过学习和引进，在较短时间内完成升级；人文层面的扬弃变迁，也许需要执着百年的持续努力，其中最核心的是管理文明的演进，因为管理是现代文明社会中最重要、最核心的人类行为活动。鉴于管理文明的本质特征是其历史延续性，所以，在借鉴吸收西方先进管理文明的同时，中国管理者必须充分重视对中国古代管理思想的检讨、批判和继承，从历史展现给人类的绵延时空中，提炼归纳管理文明演进的来龙去脉，以真正理解当下，规划未来。

三、中国古代管理思想对现代管理者的指导意义

（一）执要群效的统一思想

在组织理论方面，我国古代虽然没有形成完整的理论体系，但是散见于古代先贤只言片语论述中的管理思想，仍然为我们现在从事各种管理工作提供了可供借鉴的名言警句。其中执要群效的统一思想就是这种组织理论的雏形。《韩非子·扬权》中说："事在四方，要在中央。圣人执要，四方来效。"在这里，韩非子第一次将决策层和执行层、中央和地方的管理职能进行了明确的划分。管子在《管子·明法》中说："威不两错，政不二门。"李世民说："理国守法，事须画一。"《资治通鉴》中也说道："为治有体，上下不可相侵。"这些论述都从不同角度强调了上下级之间权利与责任的不同，并且都明确指出统一决策指挥的不可或缺的作用。

（二）赏罚分明的激励思想

在激励和奖惩方面，孙子提出："合军聚众，务在激气。"诸葛亮指出："赏以兴功，罚以禁奸，赏不可不平，罚不可不均。""诛罚不避亲戚，赏赐不避仇怨"，应做到"无党无偏"，意思就是说管理者务必做到赏罚公正分明，才能服人服众。韩非子主张："诚有功，则虽疏贱必赏；诚有过，则虽近爱必诛。"对此诸葛亮论述得更加具体，他说："赏罚之政，谓赏善罚恶也。赏以兴功，罚以禁奸。赏不可不平，罚不可不均。赏赐知其所施，则勇士知其所死；刑罚知其所加，则邪恶知其所畏。"只有做到赏罚分明，才能对良善功将有所激励，使奸恶无功者有所畏惧，以确保管理组织的正常科学运转。

（三）义利两全的取舍思想

在中国古代社会中，虽然有一些人主张重义轻利，但是确实也有一批实用主义的思想家、哲学家提倡将义与利并举，主张义利双兼，这种充满着浓重的讲利重义的管理思想，倡导"见利思义""义然后取""义，利也""兼相爱，交相利"。宋代苏洵就是其中之一，他在《史论·利者义之和论》中说"义利、利义

相为用”，主张义利互为共用，二者不能偏废。春秋时的管子更是认为“自利”是人所共有的情结：“民，利之则来，害之则去。民之从利也，如水之走下，于四方无择也。”然而，管子并未走向极端。他还认为“自利”与“利人”并不完全矛盾，而且“自利”之德与“利人”之德同时也是统一调和的。陈寿在《三国志·吴书·骆统传》中进一步将这种义利观念和富民利民联系起来，指出：“财须民生，强赖民力，威恃民势，福由民殖，德俟民茅，义以民行。”他讲的是财富是人民创造的，国家的强大依靠的是人民的力量，国威靠的是人民的气势，福利乃是由人民所树立，道德靠人民的实践来兴盛，义的实现靠人民的共同行动。这句话，可谓深刻地概括了中国义利两全的管理真谛，在普通民众之中具有广泛的影响。

（四）上下同欲的同道思想

任何一个组织，都由人群组成。什么样的组织才有战斗力，才能充分发挥组织中每个人的内在潜能，一直是管理者在努力思考的问题。《周易·系辞传下》中有一句名言：“君子上交不谄，下交不渎。”欧阳修在《朋党论》中说：“同心而共济，终始如一。”嵇康在《卜疑》中说：“交不为利，仕不谋禄。”在决定战争胜负的各种因素中，孙子说：“上下同欲者，胜。”这些都突出强调了人和同心的重要性，作为管理者只有让部属充分认识到统一的、崇高的共同目标，使整个组织成员团结一致、同心协力才能增强组织的凝聚力和战斗力并以此去争取伟大的胜利。

（五）谋而后动的决策思想

在管理工作中，决策是一个管理者必须考虑的首要问题。那么，管理者应该如何决策才能确保决策不失误呢？我国的古代先贤给我们留下了许多精辟的见解。“凡事预则立，不预则废”“人无远虑，必有近忧”“先谋后事者昌，先事后谋者亡”，告诉我们无论做什么事情都要先谋而后动，只有谋划得充分、合理、科学，执行起来才能游刃有余，才能做到“不动声色，而措天下于泰山之安”，做事情才能成功而不失败。所谓“日之能烛远，势高也；使日在井中，则不能烛十步”，意思是作为领导者，应该具备高瞻远瞩的特质，绝对不能一叶障目，不见森林或者鼠目寸光，只看眼前利益而看不到长远利益。苏轼曾提出：

“为国有三计：有万世之计，有一时之计，有不终月之计。”“不谋万世，不足谋一时；不谋全局者，不足谋一域”是说做事应该有战略决策和战术决策、长远规划与短期计划之别，根据形势情况的变化按照既定目标或相时而动，有助于管理成功。可见，预测和决策关系全局成败，中国人向来强调谋划和规划，强调战略和战术的综合运用，主张谋而后动。所以孙子说：“知彼知己，胜乃不殆；知天知地，胜乃不穷”。

（六）不偏不倚的中庸思想

“中庸”思想，是儒家推崇的管理之道。孔子在《论语·先进》中说：“过犹不及。”宋代理学家程颐对“中庸”的解释是：“不偏之谓中，不易之谓庸。中者，天下之正道；庸者，天下之定理。”朱熹在《中庸章句》的开首将其注为：“中者，不偏不倚，无过与不及之名。庸，平常也。”并引用尧授舜的“允执阙中”和舜授禹的“十六字心传”——“人心惟危，道心惟微，惟精惟一，允执厥中”，对中庸的精髓含义进行深刻阐发。教育和引导人们在处理和解决问题的时候不应该走极端，要避免过与不及的出现。应从两端入手，抓住问题的“中始本末、上下精细、无所不尽”，再“量度以取中，然后用之”。中庸之道，通俗地说，就是正确掌握事物发展的度，以实现管理的和谐发展。

（七）以民为本的民本思想

“以人为本”的思想在中国古代管理思想中始终占据主导地位，认为人是构成国家整体的第一要素，要求把人作为管理的重心，提倡“爱人贵民”。早在春秋战国时期中国文化已经表现出较为鲜明的人文意识。管子说：“君若将欲霸王举大事乎？则必从其本事矣。”“夫霸王之所始也，以人为本。本理则国固，本乱则国危。”“齐国百姓，公之本也。”管子认为，务本之道在于经营民心，争取百姓。达人民之所愿，予百姓之所需。要求齐桓公竭诚听取民众的意见，把人作为管理的重心。而管理国家说到底就是对人的管理，“治国就是治人”。孟子从“民为立国之本”思想出发，提出了“天时不如地利，地利不如人和”。又说“桀纣之失天下也，其失民也；失其民者，失其心也。得天下有道：得其民，斯得天下矣。得其民有道：得其心，斯得民矣”，进而指出“民为贵，社稷次之，君为轻”。中国古代“以人为本”的管理思想不仅体现在对民力的利用上，更难能可贵的是战国时期的孟子和春秋时期的孙子还提出了“唯民是保”的“保民”观点。“诸侯之宝三：土地、人民、政事。”“保民而王，莫之能御也。”在孙子的民本思想中，他提出既要保民又要利主，把对民众负责与对君主负责统一起来，这在当时是很有见地的。

第二节 西方管理思想的演进

现代西方管理思想的历史渊源可以追溯至远古时代，人类生活以集体为基础，而集体就需要一定的管理活动。随着人类蒙昧时代的结束和文明时代的到来，管理实践和管理思想也随之发展。

一、西方古代管理思想的演进

（一）古埃及的管理思想

4000多年前，古埃及人先后建造了大批金字塔。这些伟大工程创造了闻名世界的奇迹，集中体现了古埃及人出色的管理能力和管理思想。其间大量的人员、食物、住房、运输等问题的解决，需要进行计划、组织和控制工作。金字塔所用石块的采掘和搬运，出色地表明了古埃及人的长期规划能力和组织能力。在什么地方和什么时间采掘石块，要用多大的石块，如何搬运，这些都需要进行长期规划。如石块的采掘大多在冬季和春季进行，为了尽量减少陆地搬运，石块的运送是在每年涨水季节进行的。所有的石块在砌上去以前都要在工地凿刻成形并编好号码。

金字塔的修建使一个庞大的官僚机构发展起来，其主要任务就是为王室工程征集、组织和管理人力、物力资源。被称作“国王所有工程的监督者”的官员要负责这些建筑工作每个阶段的设计、劳力组织及监督。此外，有大批书吏负责具体的管理工作，如对建筑工程所使用的材料进行统计和记录，并进行大量的估算，如搬运一定量的建筑材料需要多少人，应付多少报酬，这些人每天应完成多少工作量，等等，以便支付报酬，监督劳动的进展。

古埃及的水利、灌溉、采矿等大多数工程项目是由国家垄断的庞大官僚机构来管理的，作为高级管理人员的“大臣”一词早在公元前1750年前后就出现了。

古埃及的许多著作中也保存了不少关于管理思想的内容，让这些管理思想得以流传下来。

（二）古巴比伦的管理思想

古巴比伦位于美索不达米亚平原，在公元前3000年前后，这里的人们建立了国家。到公元前18世纪，这里出现了古巴比伦王国。“美索不达米亚”是古希腊语，意为“两条河中间的地方”，故又称为两河流域。“两河”指的是幼发拉底河和底格里斯河。古巴比伦与古中国、古埃及、古印度并称为“四大文明古国”。公元前18世纪，古巴比伦国王汉谟拉比颁布了汉谟拉比法典。它是世界上现存的古代第一部比较完备的成文法典。由于这部法典是用楔形文字刻在石柱上，所以又叫“石柱法”。法典共分三个部分，即引言、正文和结语。法典正文共282条，内容涉及财产、接待、租赁、转让、遗产、奴隶等各个方面，对各种职业、各个层面上的人员责、权、利关系给予了明确的规定。

古巴比伦时期可以发现许多有关管理的思想。如在纺织厂中实行生产控制和工资刺激手段。他们用棉纱的颜色作为控制手段。第一个星期所用的棉纱可能附有一个红色标签，第二个星期的棉纱附一个蓝色标签等。这样，管理人员就可以清楚地了解工厂中某一批原料用了多长时间。在谷仓中存放谷物的陶罐封口上也附有不同颜色的芦秆。每一年的颜色各不相同，以便很快地确定某一陶罐的谷物储存了多久。在工资报酬方面，实行刺激工资的手段，如纺织厂中工人的工资是以食物形式支付的，其数额取决于每个人的生产量。这就是最早的计件工资制。

（三）古希腊的管理思想

古希腊人在管理方面表现出巨大的才能。他们发明了一种民主的城市政府模式——城邦，并提倡进行协商式管理。在他们还没有产生国家的时候，对氏族部落就实行民主式的管理，采取的是“一长两会制”。“一长”是公举产生的军事首领，“两会”即长老会和民众会。长老会由部落的氏族长老组成，民众会由成年男子，也就是全体参战战士组成。重大问题由军事首领和长老会作出决定，民众会表决体现了民主管理的特点。

他们应用节奏和规定速度来使产量最大化。他们在从事艰苦而单调的工作时，往往用笛子和管乐器的音乐来规定动作。每种工作和作业都有不同的歌曲，这样配合着音乐，引进了节奏、标准动作和速度的概念，再加上音乐在心理上所起的积极作用，就减轻了劳动者的疲劳而使产量大大增加。

古希腊人很重视劳动分工和专业化生产。柏拉图在《理想国》一书中首先提出了劳动分工和专业化原理。他认为，每个人从事几种行业或坚守自己的本行哪一种更好呢？应该坚守自己的本行。如果一个人按照他的能力并在恰当的时机做事，他就能做得更多、更好而且更容易。不必对大城市中的物品比小城市中的好而感到奇怪。在小城市中，同一名工人既要做床，又要做门窗、做犁耙、做桌椅，常常要做这么多东西的工人是不可能都取得成功的。可是，在大城市一个人可以只从事一种行业，有时只是从事一种行业的一个分支。一个工人做男人的鞋，另一个工人做女人的鞋；一个工人只是缝鞋，另一个工人只是切割鞋面，一个人只从事于这样一种有限范围的工作，必然能在工作上取得出色的成就。

进行劳动分工，实行工作专业化，有利于提高人员的熟练度和工作效率。但它也有缺点，如容易使人感到单调乏味。

古希腊人还提出了关于管理普遍性的原则。苏格拉底曾指出，私事的管理和公事的管理只有量上的差别，在其他方面都是相同的。并且认为，一个人如果不能管理好他的私人事务，肯定也不能管理好公共事务。因为公共事务的管理技术与私人事务的管理技术应该是可以相互通用的。

苏格拉底、柏拉图和亚里士多德三人，被称为古希腊哲学史上的“三杰”。他们的思想中也都孕育着管理思想的萌芽。

（四）古罗马的管理思想

古罗马没有管理方面的专著，但是我们从当时的政治家、思想家、哲学家的论述中可以发现古罗马萌芽状态的管理思想。例如，思想家马库斯·贾图（Marcus Poreius Cato）和马库斯·铁伦提乌斯·瓦罗（Marcus Terentius Varro）

两人都曾撰写过有关罗马农庄管理的文章，论述对管理人员的选择标准。

马库斯·贾图在文章中主要是对农庄主和监工的工作进行描述。他提出：农庄主在视察农庄时应该注意工作的进展情况，了解已完成和未完成的工作，并向监工询问工作未完成的原因及有关金钱和物品的账目。农庄主应该给监工一份书面的全面工作计划。他还列出了监工的一些职责：维持纪律；尊重别人的权利并坚定地维护自己的权利；处理工人中的纠纷并惩罚有错误的工人；谦恭有礼并鼓励别人懂礼貌；鼓励工人勤恳工作；重视主人推荐来的人；同其他农庄主联系，以便在紧急情况下能交换物品；经常同主人一起检查账目；避免同占卜者、算命者、巫术家打交道；称赞养牛最好的小组；为所有的工作安排好时间，如期完成，以免影响其他工作等。

马库斯·铁伦提乌斯·瓦罗在文章中十分强调农庄工人和监工的选择。他指出，要选择那些能够从事重劳动并有农业习性的人做农庄工人，可以用几种工作对他们进行测验，并询问他们在以前的主人那里做些什么。监工应该受过一点教育，性情好，有节约的习惯，最好比工人的年纪大一些，这样，工人能尊敬他。只要能用语言可以达到目的，监工就无权用鞭子来强制执行纪律。选择一名已婚的人作监工是较为明智的，因为，婚姻使他更为稳定而牢守在一个地方。

二、中世纪的管理思想和实践

中世纪多指欧洲从罗马帝国的后期到文艺复兴前的这段时期，其政治管理体制和组织结构严密。

这段时期的许多学者主要从管理国家的角度出发，提出的管理原则促成了现代管理中的领导理论的发展，以及管理者职能的界定。随着城市的兴起和贸易的发展，特别是行会的成立，对现代技术等级制度、质量管理做了最早尝试，行会也可以被看作最早的行业垄断组织。同时，银行的出现，促进了管理信息系统的完善。

此外，这段时期也出现了十分出色的工厂管理实践。威尼斯兵工厂的管理，代表了这一时期的管理水平。政府授权，厂长经营；政府给工厂下达明确的任务并实施控制；兵工厂在成品部件的编号和储存、安装船只的装配线、人事管理、部件的标准化、会计控制、存货控制、成本控制等方面积累了成型的管理经验。

（一）中世纪的管理思想与代表人物

中世纪的管理思想中影响比较深远的代表人物主要有托马斯·阿奎那、托马斯·莫尔和尼克罗·马基雅维利。

1. 托马斯·阿奎那

托马斯·阿奎那（Thomas Aquinas）是中世纪著名的神学家和哲学家，他的著述很多，其中以《神学大全》最为著名，被誉为中世纪经院哲学的百科全书。

阿奎那对一系列经济问题进行了论述，其中包括消费的适可原则，生产上的二因素论——劳动和土地，经济活动的干预主义、公平价格论、货币论、利息论、商业论等，都显示出其宗教伦理思想。这种宗教伦理思想，在某种程度上也影响了管理思想中的某些关于社会和人的地位的基本理解，并构成了后来管理思想中关于人性的某些基本假设中的伦理学基础。

2. 托马斯·莫尔

托马斯·莫尔（Thomas More）是英国空想社会主义的创始人。他的思想主要是如何进行社会管理。其代表作是1516年出版的《乌托邦》。莫尔假设了一个叫作“乌托邦”的海岛，借此讲述了他心目中的理想国家。

莫尔借《乌托邦》描绘了未来理想社会的基本特征。第一，十分注意生产的布局和生产的组织。他的乌托邦分为54个城市，城市的周围围绕着农场和田野。人们都是城市的居民，并在城市中从事某一种职业。而农场的生产劳动则由人们轮换完成。乌托邦中已有专门从事管理工作的非体力劳动者，如极少数学者和行政长官。乌托邦中的城市，由若干个以户为单元的工厂作坊组成，每一户由10～16个成年人组成，从事某一项手工业产品制作。每个生产出来的产品交公共仓库保管，以供统一分配。在岛上，每人每天只需要劳动6小时，其余时间从事科学、艺术等活动。除了选出少数人终身从事有用的学术活动以外，所有的男人和女人都必须在早年就学习一门手艺并在以后终身从事该手艺。绝大多数人学习的是他们祖传的手艺，但是，如果能更好地适合于他们的能力和倾向，也允许他选择其他手艺。第二，在国家的治理方面，国家的全部公务人员都由选举产生，人民有选举权和被选举权。除去最高执政官是终身职务外，所有其他公职人员每年选举一次。在这里，公职人员不是高高在上的老爷，而是根植于人民之中的公仆，他们的职责是组织、监督人民从事生产和消费，杜绝浪费和懒散，使人人都敬业、爱业。第三，在经济管理方式上，整个社会经济是按照一定的统一原则管理的。国家估量全岛产品，并在必要时重新进行分配；国家可以统一调动劳动力；国家统一经营对外贸易，实行按需分配的产品分配原则；岛上实行公有制，岛上居民所生产的一切产品都归公有，并成为整个社会的财产，每个人从仓库领取他所需要的一切。由于社会产品十分丰富，因此每个人都会自觉地需要多少就领多少。

从这里可以看出，莫尔构想了按需分配的更高一级的社会组织形式，是以产品的极大丰富和人们的道德水准的普遍提高为前提，这一点对企业组织内部分配原则有着一定的启发意义。

3. 尼可罗·马基雅维利

尼可罗·马基雅维利（Niccolo Machiavelli）是意大利的政治思想家和历史学家。他最著名的著作是《君主论》（又译为《霸术》）、《罗马史论》、《佛罗伦萨史》等。他在这些著作中主要是论述领导者和群众的关系、领导关系和策略问题。他论述的与管理有关的原则主要有以下几项。

一是领导者必须依靠群众。他认为，所有的政府不论是君主制，还是民主制，其持续存在都依赖群众的支持。君主可能通过武力或继承而登上王位，但要牢固地控制国家，还必须得到群众的支持。他还提出，如果一位君王可以通过人民获得权力，就不应该通过贵族获得权力。

二是组织要有内聚力。所谓内聚力，也就是团结力、凝聚力。君主要使自己的国家有内聚力，就要认真地对待他的臣民，尤其是要紧紧抓住自己周围的人，仔细地注意他们、抚慰他们、利用他们。君主对下属的信任、关爱，会使下属更加尽心竭力。

三是要讲究领导方法。一个君王（或管理者）应该以自己为榜样来鼓舞他的人民从事伟大的事业，特别是当他的国家受到敌人攻击时，他应该努力振奋人民的精神；君王应注意所有的集团，时时同他们打成一片，但始终要维持尊严；一个好的君王必须能明智地对事件和人民进行观察，使事件和人民有利于自己。

四是要采取各种办法使组织存在下去。一位君王应该经常警惕混乱状态，以便及时予以扑灭。当他的王国处于存亡关头时，一位君王有权采取严酷的措施，在必要时，抛开所有道德的借口，背弃任何已不再有用的誓言。

马基雅维利所提出的管理规则是为了君王能成功地管理一个国家，但同样适用于管理其他组织，所以对以后的管理思想发展有相当大的影响。

（二）中世纪的管理实践

历史学家佛雷德里克·C.莱恩（Frederic C. Lane）曾经写了两本书介绍14世纪到16世纪威尼斯的工商业管理经验。莱恩在《威尼斯商人安德烈亚·巴尔巴里戈》一书中选择典型的威尼斯商人巴尔巴里戈作为主角，来介绍15世纪上半叶威尼斯商业繁荣的景象和管理经验，重点介绍当时所采用的企业组织的类型和作为管理措施的会计制度。在《文艺复兴时期的船舶和造船业者》一书中介绍了威尼斯兵工厂的管理经验。威尼斯为了保护它日益增长的海上贸易，在1436年建立了政府的造船厂（即兵工厂）以改变依靠私人造船厂的情况。到16世纪时，威尼斯的兵工厂成为当时最大的工厂，雇用工人上千人，在管理方面提供了许多有用的经验。

三、资本主义早期的管理思想与代表人物

（一）詹姆斯·斯图亚特

詹姆斯·斯图亚特（James Steuart）是英国重商主义后期的代表人物之一。他在主要著作《政治经济学原理研究》中提出了以下几项观点。一是反对经济自由主义，主张政府干预。二是先于亚当·斯密提出分工的概念，论述了工人因重复操作而获得的灵巧性。他比泰勒早100年就指出了工作方法研究和刺激工资制的实质。他认为，工人如果按照固定的劳动量工作，工作方法就不会得到改进，而如果是计件付酬，他就会想出1000种办法来增加其产量。三是指出了管理人员和工人之间分工的问题，并认为机器代替工人劳动不会使工人失业，反而会有更多就业机会。他认为，虽然有些工人会由于机器被应用于制造业而暂时失业，但是机器会创造出比它所破坏的更多的职业，因而失业的工人很快会在一种更健全的经济中被重新雇佣。

（二）亚当·斯密

亚当·斯密（Adam Smith）是古典政治经济学的杰出代表和理论体系的建立

者。他最重要的著作《国富论》是现代政治经济学研究的起点。他认为，经济问题的出发点是人的本性，即资本主义的利己主义。

他的经济思想的中心是自由市场经济，他在著作中涉及许多现代管理的核心问题。第一，分工问题。斯密特别强调劳动分工及其经济利益。他认为，分工可以使劳动者专门从事某一操作，提高技术熟练度，节省了转换工作所需要的时间。在专业分工的基础上有利于发明高效率的机器设备，不断促进生产工具的改革和生产的合理化程度，以提高生产效率。他举了一个制针业的例子：一个劳动者，如果对于这职业没有受过相当的训练，又不知怎样使用这个职业上的机械，那么纵使竭力地工作，也许一天也制不出一枚扣针，要做20枚扣针当然是不可能的。但按照现在的经营方法，不但这种职业已经成为专门的职业，而且这种职业分成若干部门，其中有大多数也同样成为专门的职业。一个人抽铁线，一个人拉直，一个人切断，一个人削尖线的一端，一个人磨另一端，以便装上圆。扣针的制造分为18道不同的工序，分由18个专门工人担任。固然，有时一个人也兼任两三道工序。我见过一家这样的小工厂，只雇用了19个人，在这个工厂里，有几名工人担任两三道工序。像这样的小工厂的工人虽然很穷，他们的必需机械也很简陋，但如果他们勤劳工作，一日也能成针12英镑。以每磅中有4000枚针计算，这10个工人每日可成针4800枚。

亚当·斯密分析了国家财富和分工的关系，也就是提高生产效率的原因。他指出，一个国家财富的多少是由这个国家的国民所提供的劳动数量决定的，而劳动数量又取决于两个因素：一是从事有用劳动的人数，二是劳动生产率的高低。而劳动生产率由工人的技能或技巧决定，技能或技巧又由生产上的分工决定，因而分工才是劳动生产率高低的决定性因素。分工的好处有三个：一是分工促使工人快速提高劳动技术的熟练程度；二是分工可以实现生产的专门化，节约劳动时间；三是分工有利于专门从事某项工作的劳动者有时间和能力改进劳动工具和发明改造。

斯密最早且完整地论述了“经济人”假设。他认为一切经济问题的出发点都是人的本性使然，资本主义的人性基础是利己主义，都是利己的、自私的，每个人的一切活动都受到这一本性的支配和控制。“经济人”就是要追求个人利益的最大化，只有实现个人利益的最大化才能满足他们的利己心，使其利己行为也有利于他人，就能实现人与人之间的互惠，实现“国富”。主观利己，客观利于社会，但社会利益以个人利益为立足点。因此，斯密的经济思想以自由市场经济为中心，一切经济活动均应按照市场规则运行，反对政府干预。斯密的“经济人”假设恰恰反映了当时资本主义生产关系的实质，成为资本主义管理的理论基础之一，对西方管理思想的发展过程有着深刻的影响。

另外，他还提出了货币理论、价值论、分配理论、资本积累理论、赋税理论等。

（三）大卫·李嘉图

大卫·李嘉图（David Ricardo）是英国在经济学方面的杰出代表人物，其代表作是《政治经济学及赋税原理》。李嘉图极力宣扬经济的自由主义，认为只有自由经济才最有利于资本主义制度的发展。他对早期的管理思想的贡献主要包括以下几项。第一，在资本和管理技术的关系上提出了所谓的“工资规律”。认为工人劳动创造的价值是工资、利润和地租的源泉，这是经营管理中的核心问题，且得出了工资越低、利润越高；反之，工资越高、利润就越低的结论。第二，提出了关于经济人方面的群氓假设。即社会由一群群无组织的个人所组成；每个人以一种计算利弊的方式为个人的利益行动；每个人为达到这个目的，尽可能合乎逻辑地思考和行动。从这个假设出发的必然结论是，对这些群氓只能用绝对的、集中的权力来统治和管理。

四、18世纪后半期到19世纪的管理思想与代表人物

从18世纪60年代开始，西方主要的资本主义国家陆续开始了工业革命。其结果是以机器制造为基础的资本主义工厂制度，最终代替了以手工劳动为基础的资本主义工厂。生产力发展和生产组织形式的变革，必然引起了管理理论和管理思想的变革。这一阶段的管理实践者面对工业管理带来的挑战，在前期管理学家和经济学家的基础上，提出了诸多有价值的思想见解，促进了管理思想的发展，也为后来的科学管理的诞生提供了思想基础。

（一）伊莱·惠特尼

伊莱·惠特尼（Eli Whitney）是活跃于美国18世纪末至19世纪初的一位发明

家、机械工程师和企业家。他发明了轧花机，联合发明了铣床，并提出了可互换零件的概念，为人类工业的发展作出了重要贡献。惠特尼在早期科学管理方面的贡献主要在以下五个方面。

第一，采用了铣床等机器和科学的加工方法，使部件标准化并可以互换。1814年到1818年，惠特尼和其他几位同行为了改进枪支的生产而共同发明了铣床，目前尚存的人类最早的铣床是由惠特尼制造的。惠特尼最大的贡献就是提出了大量生产互换零件的概念。当时美国制造步枪的工艺陈旧，每支枪由一个工人承制全部零件并自己装配，因而无法满足政府的需要。惠特尼冲破了原来的传统工艺，先大量生产可以互换的零件，再装配成步枪，使得生产过程大大加速。他曾当着当时的美国总统和其他高级官员的面，实地表演从一大堆散装零件中装配步枪，从而得到普遍的认可。这种先生产互换零件再装配的方法，开辟了美国工业大量生产的新时代，他发明的轧花机则使美国南方植棉业迅速发展，使南方成为繁荣的农业区。由此可见，惠特尼在技术上的发明和管理上的革新对美国早期工农业的发展起了重大作用。

第二，建立了广泛的成本会计制度。在惠特尼的工厂中，步枪的每一种部件、每一个生产过程都能以元、角、分来表示成本。

第三，实行了质量控制措施。例如，检验员对步枪的通条进行检验，把通条摔在枪管上，如果通条没有发出响亮的声音，就作为废品而拒绝收下。

第四，认识到了管理幅度原则。他曾说："我发现我想多雇用些工人来建立工厂和制造工具的企图是徒劳无功的——除非我能同时在许多地方出现——我不仅要告诉工人，而且要表演给他们看，每一件事怎样做。"

第五，认识到了实际试验和理论的关系。他曾说："我完全意识到，实际的试验是理论的唯一真正试金石，是我们能辨别建立在科学原则上的理论与建立在胡思乱想上的空想计划的可靠准则。迄今为止，我满意地发现，我对自己方案的试验表明它完全符合我的期望。"

（二）罗伯特·欧文

罗伯特·欧文（Robert Owen）是英国空想社会主义的学者，同时也是一位企业家、慈善家。现代人事管理之父，人本管理的前驱都是他的"标签"。欧文生活在英国产业革命的早期，目睹了工厂巨大的劳动强度、工人就业的恶劣劳动条件，感受到了贫困、饥荒和愚昧对工人生命和道德的摧残与伤害，于是欧文决心向整个社会推广他的管理原则和思想。他对管理思想的重要贡献主要体现在新拉纳克工厂的管理试验中的人事管理方面。欧文致力改善工厂的工作环境以及工人的生活，为工人建造房屋，规定了工人申诉的规章制度，禁止雇用10岁以下的童工，建立公共食堂、医院，发放抚恤金等；同时，他也致力以工厂为中心的社区社会改革，对新拉纳克的学校进行教育改革，建立晚间娱乐中心以解决工人们闲暇时间增加的问题。

欧文是人事管理的先驱，他认为环境塑造了人性，非常重视人的因素在工业发展中的作用。因此，欧文痛斥了以惩罚为主要手段的管理方法，他认为管理者没有理由惩罚和训斥工人，他提倡以教育和感化为主要手段的柔性管理方法。欧文首次关注到人的因素，强调利用人力资源，为后来的人际关系学说和行为科学开了理论先河。

（三）查尔斯·巴贝奇

查尔斯·巴贝奇（Charles Babbage）是英国著名的数学家和发明家，也是科学管理的先驱代表。他于1822年设计出世界上第一台现代计算机——小型差分机，他还利用计数机来计算工人的工作数量、原材料的利用程度等。他把这叫作“管理的机械原则”。1832年，巴贝奇发表了他的管理理论的代表作《论机器和制造业的经济》，详细论述了劳动分工、工作方法和生产成本等问题。

1. 分工思想

巴贝奇肯定和发展了亚当·斯密的分工理论，分析了分工能提高劳动生产率的原因。他指出，这些原因是：①节省了学习所需要的时间。生产中包含的工序越多，则所需要的学习时间越长。例如，分工后，一名工人无须从事全部工序而只做其中少数工序或一道工序，就只需要少量的学习时间。②节省了学习中所耗费的材料。因为在学习中都要耗费一定的材料。实行劳动分工后，需要学习的内容减少了，所耗费的材料也相应地减少。③节省了从一道工序转变到另一道工序耗费的时间。而且，由于分工后工人经常做某一项作业，肌肉得到了锻炼，就更不易疲劳。④节省了改变工具所耗费的时间。在许多手艺中，工具常常是很精细的，需要做精密的调节。调节这些工具所占的时间相当多，分工后就可以大大节省这些时间。由于工人经常重复同一操作，技术熟练，工作速度可以加快。分工后，注意力集中于比较单纯的作业，工人便能改进工具和机器，设计出更精致合用的工具和机器，从而提高劳动生产率。

巴贝奇还指出，脑力劳动也同体力劳动一样可以进行分工。他指出，法国桥梁和道路学校校长普隆尼把他的工作人员分成技术性、半技术性、非技术性三类，把复杂的工作交给有高度能力的数学家去做，把简单的工作交给只能从事加减运算的人去做，从而大大提高了整个工作的效率。

2. 工资加奖金的报酬制度

巴贝奇不仅关注机器设备的操作过程和生产的合理安排，也关注生产过程中人的因素。他认为工人和企业之间存在共同的利益，每个工人的利益和工厂的发展及其利润的多少有直接关系，因此，为提高工人的劳动积极性，巴贝奇主张实行工资加利润和奖金的报酬制度，把工人的劳动和他对劳动生产率所作出的贡献联系起来。这不仅调节了劳资矛盾，把工人的实际利益和企业整体利益相联系，消除了隔阂，促进了企业大发展，也提高了工人的技术和品德。

3. 对科学管理的建议

巴贝奇对管理理论的最大贡献在于科学方法在管理领域的应用。他根据科学精密的调查实验，提出了如何确定平均工时的方法、生产过程的精确成本、观察制造业的方法、生产程序的集中化管理，以及管理人员用一种标准提问表进行调查等问题。巴贝奇是科学管理的先行实践者，所有这些都体现了巴贝奇在管理思想上的远见卓识，也为科学管理理论的形成做了铺垫。

五、西方现代管理思想的演变

管理自初步形成理论以来，经历了长时间演变，从泰勒对于工厂的科学管理到今天对于全球化、知识化、信息化的企业管理，其间凝结了无数管理实践者和思想者的汗水与心血，而我们正是站在巨人的肩膀上，才可能发展创新。

（一）第一阶段：古典管理理论阶段（20世纪初到30年代）

这一阶段是管理理论最初形成阶段。其间，在美国、法国、德国分别活跃着具有奠基人地位的管理大师，即“科学管理之父”——泰勒（F.W.Taylor）、

“管理理论之父”——法约尔（H.Fayol）以及“组织理论之父”——马克斯·韦伯（M.Weber）。

泰勒重点研究在工厂管理中如何提高效率，代表著作是《科学管理原理》。他提出的科学管理的理论要点具体包括：科学管理的中心问题是提高劳动生产率，为此必须配备“第一流的工人”，并且要使他们掌握标准化的操作方法；对工人的激励采取“有差别的计件工资制”；工人和雇主双方都必须来一次“心理革命”，变对抗为信任，共同为提高劳动生产率而努力；把计划职能同执行职能相分开，变原来的经验工作方法为科学工作方法；实行职能工长制；在管理控制上实行例外原则。泰勒的追随者们依其理论进行了工作与工时等效率问题的研究。泰勒还提出领导的权力要与员工共用，而非加之于员工，并把这个想法叫作参与式管理。

法约尔的理论贡献体现在他的著作《工业管理与一般管理》中。他从四个方面阐述了管理理论：①企业职能不同于管理职能，后者包含在前者之中；②管理教育的必要性与可能性；③分工、职员与职权、纪律等管理十四条原则；④管理五要素问题。其中，关于管理组织与管理过程的职能划分理论，对后来的管理理论研究具有深远影响。

韦伯则主张建立一种高度结构化的、正式的、非人格化的“理想的行政组织体系”，他认为这是对个人进行强制控制的最合理手段，是达到目标、提高劳动生产率的最有效形式，而且在精确性、稳定性、纪律性和可靠性方面优于其他组织。他的这一套思想体现在其著作《社会和经济》之中。

上述三位管理大师及其他一些先驱者创立的古典管理理论被以后的许多管理学者研究和传播，并加以系统化。其中，贡献较为突出的是英国的厄威克（L.F.Urwick）与美国的古利克（L.Gulick）。前者提出了他认为适用于一切组织的十条原则；后者概括提出了“POSDCRB”，即管理七项职能——计划、组织、人事、指挥、协调、报告和预算。古典管理理论阶段的研究侧重于从管理职能、组织方式等方面研究效率问题，对人的心理因素考虑很少或根本不去考虑。

（二）第二阶段：行为科学理论及管理理论丛林阶段（20世纪30年代至60年代）

20世纪20年代末到30年代初，西方出现经济大危机，美国政府从宏观上对经济实施管制，管理学者们则开始从微观上研究“硬体”以外的造成企业效率下降的影响因素。

行为科学理论阶段重视研究人的心理、行为等对高效率地实现组织目标（效果）的影响作用。这些研究起源于以梅奥（G.E.Mayo）为首的美国国家研究委员会与西方电气公司合作进行的霍桑实验。该实验的结论——员工是“社会人”而非“经济人”，企业中存在着“非正式组织”，新型的领导能力在于提高员工的满足度，存在霍桑效应等——引起了管理学者对人的行为的兴趣，从而促进了行为科学理论的发展。该理论主要研究个体行为、团体行为与组织行为。

（三）第三阶段：以战略管理为主的研究企业组织与环境关系的时代（20世纪60年代中后期到80年代初）

20世纪60年代末到70年代初，科技竞争愈演愈烈，管理学界开始重点研究如何适应充满危机和动荡的环境，谋求企业的生存发展，并获取竞争优势。其中，较为突出的是“战略”一词开始引入管理界。

这一期间的管理理论有以下的发展。1965年，安索夫（Ansoff）《公司战略》一书的问世，开了战略规划的先河。1976年，安索夫的《从战略规划到战略管理》出版，标志着现代战略管理理论体系的形成。该书将战略管理明确解释为企业高层管理者为保证企业的持续生存和发展，通过对企业外部环境与内部条件的分析，对企业全部经营活动所进行的根本性和长远性的规划与指导。他认为，战略管理与以往经营管理的不同之处在于面向未来，动态地、连续地完成从决策到实现的过程。

其间，论述企业组织与外部环境关系的著作还有劳伦斯（Lawrence）与洛希（Lorsch）合著的《组织与环境》，提出公司要有应变计划，以求在变化及不确定的环境中得以生存；卡斯特（F.E.Kast）与罗森茨韦克（J.E.Resenzweig）的《组织与管理——系统与权变的观点》虽然是权变理论学派的代表作，但其分析的问题亦是从长期角度看待企业如何适应环境，认为在企业管理中要根据企业所处的内外条件随机应变，组织应在稳定性、持续性、适应性、革新性之间保持动态的平衡。

迈克尔·波特（M.E.Porter）的《竞争战略》可谓把战略管理的理论推向了

高峰。书中许多思想被视为战略管理理论的经典，如五种竞争力（进入威胁、替代威胁、买方议价能力、供方议价能力和现有竞争对手的竞争）、三种基本战略（成本领先、标新立异和目标集聚）、价值链的分析等。通过对产业演进的说明和各种基本产业环境的分析，得出不同的战略决策。波特的理论与思想在全球范围产生了深远的影响。《竞争战略》与后来的《竞争优势》（1985）以及《国家竞争优势》成为著名的“波特三部曲”，中国的管理学界以及很多实际工作者对此都不陌生。

该时期前后，还出现了规范管理、创新管理和Z理论三个管理理论。

（四）第四阶段：企业再造时代（20世纪80年代到90年代初期）

20世纪80年代，随着人们受教育水平的日益提高，随着信息技术越来越多地被用于企业管理，三四十年代形成的企业组织越来越不能适应新的、竞争日益激烈的环境，管理学界提出要在企业管理的制度、流程、组织、文化等方面进行创新。美国企业从80年代起开始了大规模的“企业重组革命”，日本企业也于90年代开始进行所谓“第二次管理革命”。这十几年间，企业管理经历着前所未有的，类似于脱胎换骨的变革。

实践先于理论的产生，企业再造理论的最终构架由迈克尔·哈默（Michael Hammer）与詹姆斯·钱皮（James Champy）完成。他们在其合著的《企业再造：管理革命的宣言书》中阐述了这一理论：现代企业普遍存在“大企业病”，面对日新月异的变化与激烈的竞争，要提高企业的运营状况与效率，迫切需要“脱胎换骨”式的革命，只有这样才能回应生存与发展的挑战。企业再造的首要任务是业务流程重组，它是企业重新获得竞争优势与生存活力的有效途径；业务流程重组的实施又需两大基础，即现代信息技术与高素质的人才，以业务流程重组为起点的“企业再造”工程将创造出一个全新的工作世界。

在上述两人的合著出版前的1990年，《哈佛商业评论》杂志发表了哈默的文章《改造工作：不要自动化，而要推翻重来》。哈默在文中批评了企业在改造中常犯的错误，即运用信息技术加速已落后几十年（甚至几百年）的工作流程，指出要对流程进行重新思考，并提出了改造的七项原则。由于其为再造工程所作出的理论贡献，哈默本人被美国《商业周刊》评为20世纪90年代最具影响力的“四大管理宗师”之一。

（五）第五阶段：全球化和知识经济时代的组织管理（20世纪90年代至今）

20世纪80年代末以来，信息化和全球化浪潮迅速席卷世界，跨国公司的力量逐日上升，跨国经营也成为大公司发展的重要战略，跨国投资不断增强。知识经济的到来使信息与知识成为重要的战略资源，而信息技术的发展又为获取这些资源提供了可能；顾客的个性化、消费的多元化决定了企业只有能够合理组织全球资源，在全球市场上争得顾客的投票，才有生存和发展的可能。这一阶段的管理理论研究主要针对学习型组织及虚拟组织问题而展开。

1990年，彼得·圣吉（Peter M.Senge）所著的《第五项修炼》出版。该书认为，企业唯一持久的竞争优势源于比竞争对手学得更快、更好的能力，学习型组织正是人们从工作中获得生命意义、实现共同愿望和获取竞争优势的组织蓝图；要想建立学习型组织，系统思考是必不可少的“修炼”。圣吉的学习型组织管理思想通过“五种修炼技术”体现出来，即自我超越、改善心智模式、建立共同愿景、团队学习和系统思考。他认为，通过不断学习，我们可以重新认识自我和世界，系统认识事物关系，看清事物全景，从而为未来发展不断创造机遇，并采取具有前瞻性的行动。

这一理论着重强调了管理活动中的系统管理思想。人类系统中的结构是微妙且错综复杂的，人们需要不断学习和了解系统结构中的各种变数和相互关系，即需要不断反思自己，扩大思考范围，洞察层次结构，建立共同愿景，才能找出一条解决问题的新路径。

在阿里·德赫斯（Arie de Geus）所著的《长寿公司》一书中，作者通过考察40家国际长寿公司，得出结论——“成功的公司是能够有效学习的公司”。在他看来，知识是未来的资本，只有学习才能为不断的变革做好准备。此外，罗伯特·奥伯莱（R.Aubrey）与保罗·科恩（P.M.Cohen）合著《管理的智慧》则描述了管理者在学习型组织中角色的变化——他们不仅要学会管理学习的技巧，也要使自己扮演学习的领导者、师傅和教师的多重角色。

除了学习型组织，20世纪90年代还有一个热点——虚拟组织。1990年，《哈佛商业评论》发表文章《公司核心能力》，作者建议公司将经营的焦点放在不易被抄袭的核心能力上，由此引发后来的虚拟组织热。虚拟组织与传统的实体组织不同，它是围绕核心能力，利用计算机信息技术、网络技术及通信技术与全球企业进行互补、互利的合作，合作目的达到后，合作关系随即解散，以此种形式能够快速获取处于全球各地的资源为我所用，从而缩短“观念到现金流”的周期；不仅如此，灵活的“虚拟组织”可避免环境的剧烈变动给组织带来的冲击。由史蒂文·L.戈德曼（Steven L.Glodman）、罗杰·N.内格尔（Roger N.Nagel）及肯尼思·普瑞斯（Kenneth Preiss）合著的《灵捷竞争者与虚拟组织》便是反映虚拟组织理论与实践的较有代表性的著作。

完成了对管理理论与思想的演变历程所做的回顾之后，需要说明的是：第一，各个阶段的年代划分并非泾渭分明、非此即彼。事实上，无论是行为科学、战略管理，还是企业再造依旧是我们今天的话题。第二，无论哪一种理论或思想，都是围绕管理的核心问题“效果”（做正确的事）或“效率”（如何正确地做事）而展开，对于今天的中国企业，没有哪一种理论过时或无用，应当结合自己“要做的事”，兼收并蓄，有选择地取舍，这样才能在继承前人的基础上，发展自我——这才是我们回顾历史的目的所在。

第三章 企业财务管理与大数据的应用

第一节 企业财务管理与大数据应用的现状

一、企业财务管理现状分析

随着大数据、区块链、人工智能等新兴技术的快速发展，企业管理的各个方面都在经历深刻的变革，财务管理作为企业管理的重要组成部分，也在这一变革中发生了显著的变化。现代企业在创新管理思想、完善经营模式、提升管理效率等方面取得了积极进展，财务管理的边界不断拓宽，与外部的融合趋势日益显著。然而，尽管如此，当前企业财务管理仍面临诸多挑战，本文将从5个方面对企业财务管理的现状进行深入分析。

（一）企业财务管理理念陈旧

在大数据和人工智能的背景下，一些企业仍然沿用传统的财务管理模式，过于注重事后的财务核算和监督，而忽视了前瞻性的财务规划和风险管理。这种陈旧的财务管理理念不仅无法适应快速变化的市场环境，也限制了企业在财务管理领域的创新和发展。

传统财务管理理念通常侧重于成本控制和利润核算，这虽然在过去的市场环境中行之有效，但在当前高度竞争和不确定性加剧的商业环境下，这种理念显得力不从心。随着业务流程的复杂化和财务管理范围的扩大，企业需要更加注重财务管理的战略性和全局性，不能仅仅局限于财务数据的整理和分析，而应当将财务管理融入企业的战略决策过程中。

此外，一些企业的管理层在制定财务管理政策时，仍然缺乏对新兴技术和新管理工具的认识和应用能力。这种陈旧的管理思维限制了企业对现代财务管理工具和技术的采纳，使得企业难以充分利用大数据分析、人工智能决策支持等新技术所带来的优势。这不仅影响了财务管理的效率和准确性，也限制了企业在市场中的应变能力。

（二）财务信息的质量不符合要求

财务信息是企业管理决策的重要依据，其准确性和及时性直接影响企业的经营管理。然而，许多企业在财务信息的采集、整理和分析过程中，仍然存在诸多问题，导致财务信息的质量不符合要求。

首先，财务信息的及时性不足。一些企业在财务信息处理过程中，仍然采用手工录入或半自动化的方式，这不仅耗时费力，还容易导致信息滞后，无法为管理层提供及时的决策支持。尤其在当今快速变化的市场环境中，及时获取准确的财务信息对于企业快速响应市场变化至关重要。

其次，财务信息的准确性和完整性问题也不容忽视。由于信息采集和处理的流程复杂，数据源头分散，部分企业在财务信息的采集过程中容易出现信息漏报、误报或数据不一致的情况。这些问题不仅影响财务报表的准确性，还可能误导企业的经营决策。

最后，随着业务规模的扩大和业务类型的多样化，企业的财务信息管理面临着越来越大的挑战。多元化的业务模式要求企业能够灵活应对不同业务单元的财务数据需求，但在实际操作中，企业往往缺乏统一的数据标准和有效的信息整合机制，导致财务信息在跨部门、跨业务单元间的共享和流通受到限制，影响了整体财务信息的质量和使用效果。

（三）专业财务管理人才缺失

财务管理的重要性不言而喻，但许多企业在专业财务管理人才的引进和培养方面仍然存在不足。现代财务管理需要财务人员不仅具备扎实的财务知识和技能，还需要能够应用大数据分析、信息技术等新兴工具，具备跨学科的知识背景和综合能力。然而，现实情况是，许多企业的财务团队仍以传统会计或财务人员为主，缺乏能够将现代技术与财务管理有效结合的复合型人才。

首先，企业在财务人才的招聘和培训方面投入不足。一些企业在招聘财务人员时，仍然过于注重候选人的传统财务技能，而忽视了他们在信息技术、数据分析、战略规划等方面的能力。这导致企业在应对新兴技术带来的挑战时，往往缺乏合适的人才储备。

其次，企业在内部培训和人才培养方面缺乏系统性。即使一些企业认识到了现代财务管理的趋势，也往往在实施培训和人才培养计划时缺乏系统性和前瞻性，未能为财务人员提供足够的培训机会和职业发展路径。这不仅限制了财务人员的职业发展，也影响了企业财务管理的整体水平。

最后，人才流失问题对企业财务管理造成了不利影响。由于行业竞争激烈，许多企业的优秀财务人才难以稳定留在公司，导致企业在人才积累和管理经验方面受到影响。这不仅增加了企业的招聘和培训成本，也使企业难以形成稳定、高效的财务管理团队。

（四）财务管理共享性较差

随着企业规模的扩大和业务的全球化发展，企业内部不同部门、不同业务单元之间的协同工作变得越来越重要。然而，当前许多企业的财务管理共享性较差，财务信息和资源的共享和流通受到了不同程度的限制，影响了企业整体运营效率和管理效果。

首先，财务信息的孤岛现象依然普遍存在。在许多企业中，财务数据往往由各业务单元或部门独立管理，缺乏统一的财务信息平台。这种信息孤岛现象不仅导致数据的不一致和重复录入，也限制了信息的流通和共享，使企业难以全面掌握整体财务状况，从而影响管理层的决策效率。

其次，企业在财务资源配置方面也存在共享性不足的问题。许多企业的财务资源，如资金、设备、人员等，往往集中在少数核心部门或业务单元，其他部门难以获得必要的财务支持。这种资源配置的不均衡不仅影响了企业的整体运营效率，还可能导致业务单元之间的协作困难，影响企业整体战略的实施。

最后，企业在推进财务共享服务中心（Financial Shared Service Center，FSSC）建设方面进展缓慢。尽管许多企业认识到财务共享服务中心在提升财务管理效率、降低成本方面的优势，但在实际实施过程中，往往面临着技术、管理、文化等多方面的挑战。这导致企业在财务管理共享性方面的提升进展缓慢，难以充分发挥财务共享服务的潜力。

（五）财务决策风险意识淡薄

在快速变化的市场环境中，财务决策风险管理的重要性日益凸显。然而，许多企业在财务决策过程中，仍然缺乏足够的风险意识，未能有效识别和管理潜在的财务风险，这对企业的可持续发展构成了潜在威胁。

首先，企业在财务决策过程中，往往过于关注短期收益，而忽视了长期风险。一些企业在制定财务政策和投资决策时，主要考虑当前的市场环境和财务指标，而对可能的市场波动、政策变化和其他不确定因素缺乏充分的考虑。这种短视的财务决策行为，虽然可能在短期内带来较高的经济效益，但从长期来看，可能会导致企业面临巨大的财务风险。

其次，企业在财务风险管理方面的工具和手段相对有限。尽管现代财务管理理论和实践中，已经发展出多种风险管理工具和方法，如风险预警系统、财务风险评估模型等，但在实际操作中，许多企业并未充分应用这些工具。这不仅使企业难以提前识别和应对潜在的财务风险，也可能导致企业在风险事件发生时措手不及。

最后，企业的风险管理文化尚未形成。一些企业在内部管理中，缺乏风险意识的宣传和教育，员工和管理层对风险管理的重要性认识不足。这种风险意识的缺乏，导致企业在面对财务风险时，往往缺乏系统的应对措施和预案，增加了企业在市场竞争中的不确定性。

二、企业财务管理对大数据应用的理解误区

随着大数据技术的迅猛发展，越来越多的企业开始意识到大数据在提升业务洞察力、优化管理决策方面的潜力。然而，在财务管理领域，许多企业对大数据的理解和应用仍然存在诸多误区。虽然部分企业已经开始尝试将大数据引入财务管理，但由于对大数据技术和理念缺乏深入理解，这些尝试往往流于形式，难以取得实质性的成果。因此，深入探讨企业财务管理在大数据应用中的理解误区，对于更好地发掘大数据的潜力、提高财务管理水平具有重要意义。

（一）将传统财务分析强行定义为大数据

在大数据概念火热的背景下，许多企业开始将传统的财务分析冠以“大数据”的名号，试图通过这种方式标榜企业在信息技术应用上的先进性。然而，这种做法不仅模糊了大数据与传统数据分析的界限，也导致了企业在财务管理中未能真正发挥大数据的优势。

传统的财务分析通常依赖有限的结构化数据，这些数据往往来源于企业内部的财务报表、会计系统和业务数据，分析的内容也主要集中在成本控制、盈利能力、现金流管理等方面。虽然这些分析方法在传统的财务管理中具有重要意义，但它们的分析范围和深度受到数据源和分析工具的限制，无法处理大数据时代涌现的大量非结构化数据，也无法实现对复杂关联关系的深度挖掘。

真正的大数据分析强调对多源、多维度数据的集成和挖掘，涵盖了结构化数据、半结构化数据和非结构化数据的处理。它不仅关注财务数据，还涉及市场趋势、客户行为、社交媒体反馈等多方面的信息，通过对这些数据的综合分析，企业可以获得更为全面和深刻的洞察，帮助其制定更加科学的财务策略。因此，企业需要认识到，传统财务分析与大数据分析在数据范围、处理能力和分析深度等方面存在显著差异，不能简单地将二者混为一谈。

此外，企业在大数据应用过程中，往往过于依赖传统的财务分析工具和方法，未能充分利用大数据技术所提供的先进工具和方法，如机器学习、数据挖掘、预测分析等。这种做法不仅限制了大数据的应用效果，也使得企业错失了通过大数据分析获取竞争优势的机会。因此，企业在推进大数据应用时，必须摆

脱对传统财务分析的依赖，深入理解和应用大数据技术，以充分释放大数据的价值。

（二）使用Hadoop等大数据技术架构就是实现了大数据

另一个常见的误区是，企业认为只要引入了Hadoop等大数据技术架构，就等同于实现了大数据应用。这种对技术架构的过度依赖，往往导致企业忽视了大数据应用的核心——数据的价值挖掘和业务场景的实际需求。

Hadoop等大数据技术架构的确为大规模数据存储、处理和分析提供了强大的技术支持，但它们本身只是工具和平台，并不能自动转化为有价值的商业洞察和管理决策。大数据的真正价值在于通过对数据的深度分析，发现潜在的业务机会、优化管理流程、提高决策效率，而这需要企业具备强大的数据分析能力和业务洞察力。

一些企业在引入大数据技术架构后，往往陷入技术导向的误区，过分关注技术的实现，而忽视了对业务问题的分析和解决。事实上，技术架构的搭建只是大数据应用的基础，真正的挑战在于如何将这些技术与企业的业务需求相结合，提取出对企业有实际意义的洞察。这不仅需要企业具备丰富的数据处理能力，还需要对业务有深刻的理解，能够将技术转化为实际的业务价值。

此外，企业在选择大数据技术架构时，往往过于追求技术的前沿性，而忽视了技术与企业现有系统和业务场景的兼容性和适应性。大数据技术的应用不仅涉及技术层面的实现，还需要考虑数据的获取、管理、分析以及与现有业务系统的整合。因此，企业在推进大数据应用时，必须从实际业务需求出发，选择合适的技术架构，并注重技术与业务的深度融合，才能真正实现大数据的应用价值。

（三）靠现有财务管理模式下的数据就可以做大数据

许多企业在尝试将大数据引入财务管理时，往往误以为只需利用现有财务管理模式下的数据，就可以实现大数据的应用。这种观念显然低估了大数据的复杂性和多样性，也忽视了数据来源和数据处理方式对大数据应用效果的决定性影响。

传统财务管理模式下的数据主要来源于企业内部的财务系统，如会计软件、ERP系统、报销系统等。这些数据虽然能够反映企业的财务状况和经营成果，但它们往往是结构化数据，数据类型单一，信息量有限。而大数据的核心价值在于对多源数据的集成和分析，特别是对非结构化数据的处理，如社交媒体数据、客户反馈、市场动态、供应链信息等，这些数据往往包含着大量的潜在商业价值，能够为企业提供更加全面和深刻的业务洞察。

如果企业仅依赖现有财务管理模式下的数据进行大数据分析，往往难以实现真正的大数据应用效果。这样的数据分析结果往往局限于财务层面的浅层次分析，无法揭示业务运作的深层次规律和趋势，也无法为企业提供战略性的决策支持。因此，企业必须拓宽数据来源，打破传统财务数据的局限，积极引入外部数据和非结构化数据，并结合先进的数据处理和分析技术，才能充分发挥大数据的优势。

此外，大数据应用不仅是数据量的扩展，更涉及数据处理和分析方式的变革。传统财务管理模式下的数据分析往往是静态的、历史性的，难以适应实时分析和预测分析的需求。而大数据应用强调对实时数据流的处理和动态分析，能够帮助企业在复杂多变的市场环境中快速做出反应。因此，企业在推进大数据应用时，必须摒弃依赖现有数据的思维模式，从数据获取、处理、分析到应用，全面实现大数据的转型，才能真正实现大数据对财务管理的赋能。

三、大数据在企业财务管理中的应用

通过大数据的深度分析和智能化应用，企业不仅可以提高财务管理的效率，还能够在风险管控、财务预测、资源配置和决策支持等方面实现更高的精准度和科学性。下面将详细探讨大数据在企业财务管理中的三个核心应用场景，即风险管控、财务预测和资源配置，以及经营分析的决策支持。

（一）依靠大数据提升企业财务管理中的风险管控能力

风险管控是财务管理中的重要组成部分，企业在复杂多变的市场环境中，面临着多种风险，包括市场风险、信用风险、操作风险等。传统的风险管控方法往往依赖历史数据的静态分析，这种方式虽然有其价值，但在面对瞬息万变的市场环境时显得力不从心。而大数据技术的应用为企业提供了全新的风险管控方式，使得风险管理更加精准和实时化。

大数据可以通过对企业内部和外部多源数据的综合分析，帮助企业更早识别潜在风险。例如，通过对市场数据、客户行为数据、供应链数据以及宏观经济数据的综合分析，企业可以预测市场波动的可能性，提前调整经营策略，规避市场风险。同时，大数据分析还可以帮助企业识别和评估客户的信用风险，通过对客户的历史交易记录、支付行为、信用评分等数据的分析，企业可以更准确地判断客户的信用状况，从而在决策中采取相应的风险对策，降低坏账损失。

此外，大数据技术还可以在操作风险管理中发挥重要作用。通过对企业内部流程数据的监控和分析，企业可以及时发现潜在的操作风险点，如财务操作中的错误、欺诈行为、系统漏洞等。大数据的实时分析能力使得企业可以在风险发生前采取措施，减少因操作失误或系统故障造成的损失。

大数据在风险管控中的应用，不仅提升了风险识别的准确性和效率，还增强了企业应对风险的能力。通过将大数据分析融入财务管理，企业可以更加全面、实时地掌握风险动态，从而在激烈的市场竞争中保持稳定。

（二）依靠大数据提升财务预测和资源配置能力

财务预测和资源配置是企业财务管理中的关键环节。传统的财务预测通常基于历史数据和经验判断，这种方法在一定程度上能够提供财务状况的预测，但由于数据的局限性和市场环境的复杂性，其准确性和可靠性往往受到限制。而大数据技术的应用为财务预测和资源配置带来了新的机遇。

通过大数据分析，企业可以获取更为全面和多样化的数据来源，不仅包括内部财务数据，还包括外部的市场数据、行业数据、经济数据等。大数据的强大计算能力使得企业能够处理海量数据，识别出影响财务状况的关键因素，从而提高财务预测的准确性。例如，在销售预测中，企业可以结合历史销售数据、市场趋势、消费者行为、季节性因素等多维数据，通过大数据分析模型，预测未来的销售额和现金流情况。这种精准的预测不仅帮助企业优化库存管理，减少资金占用，还可以提前制定销售策略，最大化利润。

在资源配置方面，大数据同样具有重要作用。传统的资源配置往往基于管理层的经验和有限的数据支持，而大数据的应用可以为企业提供更加科学和数据驱动的资源配置方案。通过对企业各部门的经营数据、成本数据、效益数据的分析，企业可以识别出资源利用的效率和瓶颈，进而优化资源配置，提高整体运营效率。例如，通过大数据分析，企业可以发现某些部门的资金使用效率较低，从而调整预算分配，或者通过分析不同项目的投资回报率，合理配置资本资源，确保资源能够最大化地支持企业的战略目标。大数据在财务预测和资源配置中的应用，使得企业能够更好地应对市场变化，提高资源利用效率，最终实现财务目标的最大化。

（三）依靠大数据提升经营分析的决策支持能力

决策支持能力是财务管理中不可或缺的一部分。企业在日常运营和战略规划中，需要依赖财务数据和经营分析来作出各种关键决策。传统的决策支持主要依赖财务报表和历史数据，然而，这种方式在面对复杂多变的市场环境时，往往缺乏足够的深度和广度。大数据技术的引入，为企业的经营分析和决策支持提供了更加丰富和多样化的工具。

大数据能够集成来自企业内部和外部的多种数据源，包括财务数据、市场数据、竞争对手数据、客户反馈数据等，通过对这些数据的综合分析，企业可以获得更加全面的业务洞察。这种跨部门、跨领域的数据整合分析，帮助企业从全局视角审视自身的经营状况，为管理层提供更加科学和可靠的决策依据。

在实际应用中，大数据可以通过对市场趋势的分析，帮助企业作出精准的市场进入或退出决策。例如，通过对行业数据、市场份额、竞争对手动态以及消费者偏好等数据的综合分析，企业可以判断某个市场或产品的前景，从而作出是否继续投资、扩展市场或退出的决策。

此外，大数据分析还可以支持企业在财务管理中的日常决策。例如，企业可以通过实时数据分析，优化现金流管理，避免资金链断裂；通过对供应链数据的分析，优化采购和库存管理，降低运营成本；通过对客户数据的分析，优化定价策略，提升客户满意度和忠诚度。这些数据驱动的决策，不仅提高了决策的准确性和时效性，还增强了企业的市场应对能力。

大数据在经营分析和决策支持中的应用，不仅使得财务管理更加精准和高效，还推动了企业管理模式的转型升级。通过大数据技术的赋能，企业能够更好地识别市场机会，规避潜在风险，实现可持续的财务管理和战略发展。

四、大数据的应用对企业财务管理的影响

大数据的“4V”特点对社会有着极大的影响，使得社会作出了深刻的变革，企业财务管理也随之发生一定的改变，企业财务管理利用大数据的特点找到了自身新的创新驱动力。大数据时代来临时，财务管理不再局限于财务自身领域的一隅之地，而是可以渗透到各个不同的领域，其中包括研发、生产、人力资源、销售等不同的领域，可以说大数据时代的来临使财务管理的影响力扩大且作用范围也在不断增加。财务部门从原本的单纯的财务管理活动向数据的收集整理、处理分析方向转变，在未来财务部门的最大任务可能不再是对金钱和资产的单纯管理，而是向着对于各类与财务有关的信息分析的方向发展。具体而言，大数据的应用对企业财务管理的影响主要体现在以下四个方面。

（一）财务信息的处理难度增大

大数据的应用使得企业可以获取和处理大量多样化的数据，包括结构化数据、半结构化数据和非结构化数据。这种数据的多样性和复杂性极大地增加了财务信息的处理难度。

传统的财务管理系统主要处理结构化数据，如财务报表、会计账簿和预算数据。这些数据通常格式固定、来源单一，易于存储和分析。然而，大数据时代，企业不仅要处理来自内部的结构化数据，还要处理来自外部的非结构化数据，如社交媒体数据、客户反馈、市场动态和经济指标等。这些数据的格式不统一、来源多样，且数据量巨大，给财务信息的处理带来了前所未有的挑战。

首先，数据的多样性要求企业具备更强的数据整合能力。企业必须建立有效的数据管理平台，将不同来源的数据进行整合和标准化处理，以确保数据的可用性和一致性。

其次，数据处理的复杂性要求财务人员具备更高的技术能力和数据分析能力。传统的财务分析工具已经无法满足大数据处理的需求，企业需要引入先进的数据分析工具和技术，如数据挖掘、机器学习和人工智能等，以处理和分析海量数据。

此外，数据隐私和安全问题也随着大数据的应用而变得更加复杂。企业在处

理大量敏感财务数据时，必须采取严格的数据保护措施，防止数据泄露和非法访问。这要求企业在数据处理流程中引入更严格的安全控制和合规管理。

因此，大数据的应用虽然为企业带来了丰富的数据资源和分析能力，但同时也显著增加了财务信息处理的难度。企业必须在数据管理、技术能力和安全控制等方面进行全面提升，才能有效应对大数据带来的挑战。

（二）企业财务管理的广度与深度发生改变

大数据的应用不仅改变了财务信息的处理方式，也显著影响了企业财务管理的广度与深度。传统的财务管理通常侧重于企业内部的财务活动，如成本控制、预算编制、财务报表编制等。然而，随着大数据的广泛应用，企业财务管理的范围已经超出了传统的财务领域，涵盖了更广泛的业务活动和外部环境。

首先，大数据使企业财务管理的广度得以扩展。通过对来自市场、客户、供应链、宏观经济环境等多源数据的分析，企业财务管理不仅关注内部财务指标，还需要考虑外部环境对企业财务状况的影响。例如，通过分析市场趋势和竞争对手的财务数据，企业可以更准确地预测市场变化，并据此调整财务策略。这种外部数据的引入，使得财务管理不再局限于企业内部，而是扩展到整个商业生态系统。

其次，大数据的应用使得企业财务管理的深度得以增强。传统财务管理往往以历史数据为基础，侧重于事后的财务核算和分析。然而，大数据的实时分析能力使得企业可以更深入地挖掘数据背后的规律和趋势，从而实现更加精准的预测和前瞻性的决策。通过对大数据的深度分析，企业可以识别出隐藏的财务风险和机会，优化资源配置，提高财务管理的战略性和前瞻性。

最后，大数据的应用还使得企业财务管理更加动态化和实时化。传统的财务管理通常以固定的财务周期（如季度、年度）为单位，而大数据的应用打破了这种周期性限制，使得企业能够实时监控财务状况，动态调整财务策略。这种实时性和动态性不仅提高了财务管理的灵活性，还增强了企业应对市场变化的能力。

（三）企业财务管理的效率得以提高

大数据技术的应用显著提高了企业财务管理的效率。传统的财务管理流程往往依赖手工操作和经验判断，效率较低，容易出现人为错误。而大数据技术通过自动化处理、智能分析和实时监控，极大地提高了财务管理的准确性和效率。

首先，大数据技术使得数据处理和分析过程得以自动化。在传统的财务管理中，数据的采集、整理和分析往往需要耗费大量的时间和人力资源，而大数据技术可以通过自动化工具快速处理海量数据，极大地缩短了数据处理的时间。同时，自动化的数据分析工具可以实时生成财务报告和分析结果，帮助企业快速获取财务洞察，作出及时的决策。

其次，大数据的应用使得财务分析更加精准和细致。传统的财务分析往往基于有限的数据和简单的分析模型，而大数据技术可以通过复杂的算法和模型对数据进行深度分析，揭示出隐藏在数据中的规律和趋势。这种精准的财务分析不仅可以帮助企业更好地理解财务状况，还可以为企业提供科学的决策支持，提高决策的质量和效率。

最后，大数据技术还使得财务管理的流程更加简化和优化。通过对业务流程的数据分析，企业可以发现财务管理中的低效环节，并据此进行流程优化。例如，通过对采购、库存、销售等环节的数据分析，企业可以优化供应链管理，提高资金周转率，降低运营成本。这种流程的简化和优化，不仅提高了财务管理的效率，还提高了企业的整体运营效率。

大数据的应用不仅提高了企业财务管理的效率，还使得财务管理更加智能化和精准化。企业通过大数据技术的赋能，可以实现财务管理的自动化、智能化和实时化，从而在激烈的市场竞争中保持领先地位。

（四）企业财务管理的风险控制能力得以增强

风险控制是财务管理中的核心任务之一，而大数据技术的应用显著增强了企业的风险控制能力。传统的风险控制手段往往依赖历史数据和主观判断，难以全面识别和预警潜在风险。而大数据技术通过对多源数据的综合分析和实时监控，使得企业能够更加精准和全面地识别、评估和管理风险。

首先，大数据技术使得风险识别更加精准。通过对企业内部和外部数据的综合分析，企业可以识别出可能影响财务稳定的潜在风险因素。例如，通过对客户信用数据、市场变化数据、供应链数据的分析，企业可以识别出可能导致财务风险的因素，如客户违约风险、市场波动风险、供应链中断风险等。这种多维度的数据分析使得企业能够全面了解风险来源，提前采取措施进行应对。

其次，大数据技术使得风险评估更加科学。传统的风险评估方法往往基于有限的数据和经验判断，难以准确评估风险的严重性和发生概率。而大数据技术可以通过复杂的算法和模型，对风险进行量化评估。例如，通过对市场历史数据和经济指标的分析，企业可以预测市场波动的可能性，并评估其对企业财务状况的影响。这种量化的风险评估方法使得企业能够更加科学地管理风险，降低财务损失的可能性。

最后，大数据技术使得风险管理更加实时和动态。传统的风险管理往往具有滞后性，难以及时应对快速变化的市场环境。而大数据技术通过实时监控和分析，使得企业能够动态调整风险管理策略。例如，当市场出现波动时，企业可以通过实时数据分析，调整投资组合，规避市场风险。这种实时化的风险管理能力，使得企业能够更加灵活地应对外部环境的变化，保持财务稳定。

大数据技术的应用显著增强了企业的风险控制能力，使得企业能够更加全面、精准和实时地识别、评估和管理风险。通过大数据的赋能，企业不仅可以降低财务风险，还能够在复杂多变的市场环境中保持稳定和竞争力。

第二节　大数据时代的财务决策新思维

大数据时代的财务决策是基于云计算平台，将通过互联网、物联网、移动互联网、社会化网络采集到的企业及其相关数据部门的各类数据，经过大数据处理和操作数据仓储、联机分析处理、数据挖掘/数据仓库等数据分析后，得到以企业为核心的相关数据部门的偏好信息，通过高级分析、商业智能、可视发现等决策处理后，为企业的成本费用、筹资、投资、资金管理等财务决策提供支撑。在大数据时代，财务决策的产生需要新思维。

一、大数据在财务决策应用中存在的问题

随着大数据技术在企业管理中的广泛应用，财务决策逐渐成为大数据应用的重要领域。然而，在实际操作中，企业在大数据应用于财务决策的过程中面临诸多挑战和问题。这些问题不仅涉及数据的获取、处理和分析，还影响企业能否真正利用大数据作出准确和及时的财务决策。下面将详细探讨大数据在财务决策应用中存在的主要问题，包括数据来源、数据处理和数据分析三个方面。

（一）数据来源方面的问题

要在财务决策中充分发挥大数据技术的作用，企业必须收集和整合来自多个渠道的财务和非财务数据。这些数据不仅包括企业内部的运营数据，还涉及外部环境中的信息，如市场监管机构、税务部门、财政部门、银行、会计师事务所、证券交易所等多个利益相关方提供的数据。数据来源的广泛性和复杂性对企业的数据收集能力提出了更高的要求，但同时也带来了诸多挑战。

1. 数据来源的多样性和复杂性

企业运营过程中涉及的各类数据来源具有多样性和复杂性。这些数据不仅包括传统的财务数据，如收入、成本、资产负债表等，还包括市场趋势、客户反馈、竞争对手分析、政策法规变化等非财务数据。这些数据之间存在着显著的差异，数据格式、结构、更新频率各不相同。例如，市场监管机构的数据可能以报告形式发布，银行的数据则可能以交易记录的形式存在，客户反馈则可能来自社交媒体的评论和帖子。这些数据的格式差异使得企业在收集和整合这些数据时面临巨大挑战。

由于数据来源的多样性和复杂性，企业需要制订一个全面的数据收集计划，以确保所有相关数据能够被及时、准确地获取。然而，现实情况是，企业往往难以确保所有数据来源的持续性和稳定性。某些数据来源可能会出现数据不完整或延迟更新的情况，这将直接影响数据分析的准确性和决策的及时性。此外，不同数据源之间的兼容性问题也是一个重大挑战。不同的数据格式和标准，如XBRL标准、Excel表格、SQL数据库、Origin数据分析软件等，可能无法直接兼容，这

导致数据整合过程中需要进行大量的格式转换和数据清洗工作，增加了数据处理的复杂性。

2. 数据获取的长期性和持续性问题

构建一个完整且高效的数据源管理系统需要时间和资源的长期投入。数据的获取往往不是一次性的操作，而是一个需要长期维护和持续更新的过程。例如，市场数据和客户反馈信息需要企业持续监控和收集，以确保决策所依据的数据是最新的。对于财务决策而言，数据的时效性至关重要，任何数据更新的延迟或中断都可能导致决策失误。

此外，外部数据来源的可靠性和稳定性也对数据收集的长期性提出了挑战。例如，企业可能依赖某些第三方数据提供商或政府部门的数据，而这些数据提供方可能因政策变化或技术问题导致数据获取的中断或延迟。为了应对这些问题，企业需要建立健全数据保障机制，确保数据收集过程的可持续性。数据保障机制不仅包括数据备份和恢复计划，还包括与外部数据提供方的长期合作协议，以及对数据获取渠道的多样化布局。

综上所述，企业在数据来源方面面临的主要问题不仅是如何收集到足够的数据，还在于如何保证数据的持续性、完整性和格式的一致性。

（二）数据处理方面的问题

数据处理是将原始的结构化、半结构化和非结构化数据进行整理、分析和编辑的过程，是大数据应用于财务决策的关键步骤之一。尽管大数据处理技术在近年来取得了显著进展，但企业在实际应用中仍然面临着处理复杂性、技术局限性以及数据整合难题。

1. 结构化与非结构化数据的处理难题

当前，分布式处理软件如Hadoop、Spark等在处理结构化数据方面已经相对成熟，能够高效地进行数据存储、查询和分析。然而，企业财务决策中越来越多地依赖非财务数据，而这些数据往往以半结构化或非结构化形式存在。例如，客户评论、社交媒体内容、图片、视频、传感器数据等非结构化数据，虽然包含了大量有价值的信息，但其数据格式复杂多样，难以通过传统的关系数据库进行有效处理。

半结构化数据如XML、JSON文件，虽然有一定的结构，但其内容和格式的灵活性使得数据处理变得更加复杂。非结构化数据则更加复杂，需要企业应用高级的数据处理技术，如自然语言处理、计算机视觉、语音识别等技术，将这些数据转化为可供分析的结构化信息。然而，这些技术仍处于不断发展和完善的阶段，企业在应用时往往面临技术难题，如处理速度慢、准确率不足、数据整合难度大等问题。

2. 数据处理技术的局限性

尽管大数据处理技术在处理大量结构化数据方面表现出色，但在处理非结构化和半结构化数据时仍然存在明显的技术局限性。这些数据类型通常需要进行复杂的预处理工作，包括数据清洗、格式转换、内容解析等，才能转化为结构化数据供进一步分析使用。然而，这些处理过程往往需要大量的计算资源和时间，且容易受到数据质量的影响，导致处理结果的不稳定性。

另外，现有的大数据处理框架主要基于分布式计算模型，对于实时数据处理和高频率更新的数据处理仍存在不足。对于企业而言，财务决策往往需要基于最新的市场数据和实时的业务数据，而现有的处理技术在应对这种实时性需求时，可能会因为数据传输延迟、计算瓶颈等问题，导致决策的时效性降低。

3. 数据整合和统一的挑战

企业在进行大数据处理时，不仅需要处理单一数据源的数据，还需要将来自多个不同数据源的数据进行整合和统一。这些数据可能来自不同的系统、不同的部门，甚至是不同的地理区域。这种数据整合的过程极为复杂，不仅需要解决数据格式和结构的兼容性问题，还需要确保数据的准确性和一致性。

数据整合过程中，数据清洗是一个重要步骤，但也是一个耗时耗力的过程。数据清洗涉及对重复数据的识别与删除、数据缺失值的填补、数据格式的标准化等工作。这些工作不仅需要高效的数据处理工具支持，还需要财务人员具备较高的数据分析和处理能力。此外，数据整合还需要考虑数据来源的可靠性和数据同步的问题，确保最终整合的数据能够准确反映企业的实际业务情况。

综上所述，数据处理方面的挑战不仅体现在技术层面，还涉及数据管理流程的优化和数据处理能力的提升。

（三）数据分析方面的问题

数据分析是从大量复杂的财务数据和非财务数据中提取有价值的信息，通过分析数据的内在联系和趋势，为企业财务决策提供支持。然而，随着数据量的急剧增加和数据类型的多样化，传统的数据分析方法已经难以满足企业的需求，企业在数据分析方面面临着新的挑战。

1. 数据分析技术的复杂性

随着企业数据量的爆炸性增长，关系型数据库逐渐无法满足企业对数据分析的需求。企业财务决策需要更高效、更灵活的数据分析工具，以应对复杂的财务数据和非财务数据的分析需求。多维数据库技术因其能够对数据进行多维度、多角度的分析，逐渐成为企业数据分析的重要工具。然而，多维数据库的构建和维度设定是一个复杂的过程，需要考虑数据的多样性和分析需求的多变性。

企业在构建多维数据库时，面临的挑战主要包括如何合理设定数据维度，确保分析结果能够准确反映数据之间的关系，以及如何优化数据查询和处理的效率，以应对大数据量下的分析需求。此外，数据分析工具和技术的复杂性也对企业的数据分析能力提出了更高的要求，企业需要具备高级的数据科学家和分析师团队，才能有效利用这些工具进行数据分析。

2. 数据分析的精准性和可操作性

数据分析的精准性是企业财务决策的基础，然而，随着数据类型的增加和数据量的扩大，如何确保数据分析的准确性和可靠性成为一个重要问题。传统的数据分析方法主要基于历史数据和简单的统计模型，而大数据分析需要应用更加复杂的算法和模型，如机器学习、深度学习等。这些复杂的分析模型虽然能够处理更为复杂的数据关系，但同时也带来了算法设计、模型选择和参数调优等方面的挑战。

此外，数据分析的可操作性也是一个需要关注的问题。企业财务决策不仅需要数据分析的结果，还需要这些结果能够被有效应用于实际业务决策中。数据分析的结果往往需要转化为具体的业务建议或行动方案，而这一转化过程涉及对分析结果的解读和应用能力。如何将复杂的数据分析结果转化为简单、可操作的业务策略，是企业在数据分析过程中需要解决的重要问题。

3. 数据分析的实时性需求

现代企业的财务决策越来越依赖实时数据分析，尤其是在应对市场变化和竞争环境的压力时，实时数据分析能够提供即时的决策支持。然而，传统的数据分析工具和技术往往难以满足实时数据分析的需求。实时数据分析需要企业具备高效的数据处理能力和快速的计算能力，同时还需要数据分析工具能够支持实时数据的采集、处理和分析。

实时数据分析的技术挑战主要包括数据传输的延迟、实时计算的资源消耗以及分析结果的及时性。在大数据环境下，企业往往需要对大量实时数据进行分析，这对数据处理和分析平台的性能提出了极高的要求。此外，实时数据分析还需要企业具备快速反应和应对的能力，以确保分析结果能够及时应用于业务决策中。

二、大数据在财务决策中的应用价值

通过整合多源数据、实时监控市场变化和精准成本核算，大数据为企业提供了更为科学、可靠的财务决策支持。下面将从四个方面探讨大数据在财务决策中的应用价值，包括提高财务信息质量、集成财务与非财务信息、实现预算动态管理和精准成本核算。

（一）提供公允价值支持，提高财务信息质量

大数据技术为企业提供了广泛而丰富的数据来源，使得企业可以打破以往依赖单一信息源的局限，获取多源异质化的海量数据。这些数据不仅涵盖了传统财务数据，还包括市场动态、竞争对手信息、消费者行为等外部数据。通过整合这些多源数据，企业能够更加准确地评估资产的公允价值，如投资性房地产、交易性金融资产等，从而提高财务信息的准确性和可靠性。

1. 大数据打破了信息孤岛

在传统财务管理中，企业通常依赖内部财务报表、历史数据和有限的市场信息来进行财务分析和决策。这种信息来源的单一性往往导致财务信息的准确性和全面性不足，无法全面反映市场的实际状况。然而，大数据技术能够从多个渠道获取实时的市场信息，通过对这些信息的整合和分析，企业可以更好地掌握市场动态，及时调整财务策略。例如，通过对市场价格、交易量、经济指标等数据的实时监控，企业可以获取更加精准的公允价值信息，从而为财务报告提供更加可靠的数据支持。

2. 云会计的强大数据处理能力

随着云计算技术的发展，云会计系统为企业提供了强大的数据获取和处理能力。云会计系统能够实时更新市场信息，并对这些信息进行智能分析，从而保证

财务信息的及时性和准确性。例如，企业可以通过云会计系统实时监控金融市场的波动情况，及时调整投资组合，降低财务风险。通过这种方式，企业不仅能够提高财务信息的质量，还能够有效避免因信息滞后或不准确而导致的资金损失。

3. 提高财务信息的透明度和公信力

大数据技术提高了企业财务信息的透明度和公信力。通过对多源数据的整合和分析，企业可以更全面地展示其财务状况，增强外部投资者和监管机构的信任。这不仅有助于企业在资本市场中获得更好的评价和融资条件，还能够提升企业的市场竞争力。因此，大数据在提高财务信息质量方面的应用价值显而易见，为企业的可持续发展提供了坚实的基础。

（二）集成财务与非财务信息，提高财务决策效果

科学有效的财务决策往往不仅依赖财务信息，还需要结合非财务信息，如市场数据、客户行为、行业趋势等。传统财务管理中，财务与非财务信息的整合通常依赖管理者的经验，这种方式具有较大的不确定性。而大数据技术通过对大量真实业务数据的处理和分析，能够将财务与非财务信息有机结合，为企业提供更加科学合理的决策支持。

1. 经验决策的局限性

在传统企业管理中，管理者往往仅凭个人经验进行决策，尤其是在面对复杂的市场环境和多样化的业务单元时，这种依赖经验的决策方式很容易导致主观偏见和信息失误。例如，在资源配置决策中，管理者可能无法全面考虑各业务单元的实际需求和市场潜力，从而导致资源配置不当，影响企业整体运营效果。

2. 大数据促进信息融合

大数据技术的应用改变了上述现状。通过对财务数据和非财务数据的全面整合，大数据能够提供更为全面和精准的分析结果，帮助企业在决策过程中摆脱对个人经验的依赖。例如，在市场细分和产品定价决策中，大数据可以结合历史销售数据、市场趋势分析、消费者偏好等多维信息，预测不同市场和产品的未来表现，帮助企业制订更加科学的定价策略和资源配置方案。

3. 定制化决策支持系统

大数据技术的另一个重要应用价值在于其能够为企业定制化财务决策支持系统。通过对企业业务数据的深入分析，大数据可以挖掘出隐藏在数据背后的潜在

信息，帮助企业识别关键驱动因素和风险点。例如，企业可以利用大数据技术开发个性化的决策支持工具，实时监控业务运营状况，并根据市场变化调整财务策略。这种基于数据分析的决策过程不仅提高了决策的科学性和合理性，还降低了单纯依赖财务信息决策带来的不可控风险。

4. 智能化决策与资源优化

大数据的智能化处理能力使得财务信息的提取和分析更加便捷。通过自动化的数据处理流程，企业可以实时获取最新的财务和市场信息，快速响应市场变化，从而提高财务处理效率。同时，大数据分析还能够帮助企业识别业务中的优势领域，将资源优先配置在高增长潜力的业务上，优化资源利用效果，进一步提升企业的市场竞争力。

综上所述，大数据技术在集成财务与非财务信息方面的应用价值巨大，能够有效提升财务决策的效果，为企业提供更加全面和科学的决策支持。

（三）及时响应市场变化，实现预算动态管理

全面预算管理是企业财务管理中的重要环节，传统的预算编制通常以企业过去的历史数据为基础，制订未来一段时期内的生产经营计划。然而，市场环境的不断变化使得这种基于历史数据的预算存在较大的不确定性，往往难以有效应对市场的快速变化。大数据技术通过实时监控市场动态，帮助企业及时调整预算，实现动态管理，提升预算的执行效果。

1. 传统预算管理的局限性

在传统预算管理中，企业通常根据过去的经营数据制订预算计划，但这种方法存在明显的局限性。一方面，历史数据往往无法准确反映未来市场的变化趋势，尤其是在市场环境发生重大变化时，基于历史数据的预算往往缺乏前瞻性，无法适应新的市场形势。另一方面，传统预算管理的周期性较长，通常以年度或季度为单位进行调整，难以及时反映市场的短期波动，导致预算执行效果不佳。

2. 大数据提升预算的灵活性

大数据技术的应用为预算管理提供了新的思路。通过对市场动态、竞争对手行为、消费者需求等多维数据的实时监控，大数据技术能够帮助企业及时掌握市场变化，并根据这些变化调整预算。例如，企业可以利用大数据分析实时更新销售预测和成本预估，确保预算能够准确反映当前市场状况。大数据的实时分析能

力使得预算管理不再局限于固定周期，而是能够根据市场变化进行动态调整，从而提高预算的灵活性和准确性。

3. 动态管理实现个性化经营

大数据技术还使得企业能够实现个性化的预算管理。通过对不同业务单元和市场细分的深入分析，大数据可以帮助企业制订针对性更强的预算计划，优化资源配置，提高经营效率。例如，企业可以根据不同市场的销售数据和利润率，制定差异化的预算策略，确保资源能够集中投入高增长潜力的业务领域。此外，动态预算管理还能够提高企业对市场风险的应对能力，通过实时调整预算，企业可以迅速应对市场波动，降低财务风险。

4. 提高预算执行的精准性

通过大数据技术的应用，企业能够显著提高预算执行的精准性。传统的预算管理往往因数据滞后和市场变化的不可预测性而导致预算偏差较大，而大数据的实时分析和动态调整能力能够有效降低这种偏差。例如，在市场需求发生变化时，企业可以利用大数据技术快速调整生产计划和销售策略，确保预算执行与市场实际情况相一致，提高预算执行效果。

综上所述，大数据技术在预算管理中的应用，不仅提升了预算的灵活性和精准性，还使得企业能够更好地应对市场变化，实现更加高效的经营管理。

（四）多渠道获取数据，实现精准成本核算

成本核算是企业财务管理中的基础工作，传统的成本核算通常发生在生产过程之后，财务人员根据一定时期内的生产经营费用总额进行核算，并对费用进行分配。然而，这种事后的成本核算方式往往存在滞后性和不准确性，难以及时反映企业的实际成本情况。大数据技术通过多渠道获取实时的成本数据，使得成本核算更加精准和细致，帮助企业实现更深入的成本分析和管理。

1. 传统成本核算的局限性

传统的成本核算主要依赖企业内部的财务数据，如工资明细、进销存单据、制造费用等，这些数据通常在生产过程结束后才能进行整理和分析。因此，传统成本核算往往具有滞后性，无法实时反映生产过程中发生的成本变化。此外，传统成本核算的准确性也受到数据采集和处理方式的限制，难以全面反映生产成本的实际构成，影响成本管理的有效性。

2. 大数据提高成本核算的实时性和准确性

大数据技术通过整合来自多个渠道的实时数据，使得成本核算更加精准和实时。例如，企业可以通过大数据技术实时采集生产过程中的材料用量、人工成本、设备折旧等数据，并对这些数据进行实时分析和处理，生成精确的成本核算结果。大数据的实时处理能力不仅使得成本核算更加及时，还能够帮助企业快速识别生产过程中出现的成本异常情况，及时采取措施进行调整。

3. 深入的成本分析和管理

大数据技术的应用使得企业能够进行更加深入的成本分析和管理。通过对结构化和非结构化数据的综合分析，企业可以识别出影响成本的关键因素，并进行有针对性的成本优化。例如，企业可以通过大数据分析发现不同生产工艺流程之间的成本差异，从而优化生产流程，降低生产成本。此外，大数据分析还可以帮助企业进行重点成本分析，如品质成本、物流成本等，进一步挖掘成本节约的潜力。

4. 精准的成本核算支持决策优化

精准的成本核算为企业的财务决策提供了更加可靠的基础数据。通过大数据技术，企业能够全面掌握生产过程中发生的各项成本，进行精细化管理。例如，企业可以根据实时成本数据，调整产品定价策略，优化资源配置，提高生产效率。此外，精准成本核算还能够帮助企业进行绩效考核和成本控制，提高整体运营效率。

综上所述，大数据技术在成本核算中的应用，不仅提高了成本核算的实时性和准确性，还使得企业能够进行更加深入的成本分析和管理，为企业的财务决策提供了有力支持。

三、大数据构建财务决策的新思维

在大数据环境下，企业的决策不再仅仅依赖管理者的经验和主观判断，而是更加依赖数据的规模、活性以及对数据的收集、分析和利用能力。这种转变不仅提高了企业决策的科学性和准确性，也增强了企业在复杂市场环境中的竞争力。下面将从重新审视决策思路和环境、基于数据的服务导向理念以及采用实时数据以减少决策风险三个方面，探讨大数据如何构建财务决策的新思维。

（一）重新审视决策思路和环境

在大数据时代，企业的财务决策已经远远超越了传统的决策范畴，管理者必须重新审视决策思路和环境，以适应这一新的商业现实。过去，企业的经营分析往往局限于简单的业务数据和历史数据的分析基础上，依赖管理者的经验和理论知识进行决策。这种决策方式虽然在一定程度上推动了企业的发展，但也带来了诸多风险，特别是在面对快速变化的市场环境和复杂多变的商业环境时，传统决策模式显得力不从心。

1. 数据驱动的决策转变

大数据时代的到来，为企业决策者提供了前所未有的数据支持。通过收集和分析大量来自企业内部和外部的数据，企业能够获得更为全面和准确的信息，从而在决策过程中作出更加明智和科学的判断。例如，企业可以通过大数据分析了解市场需求的变化趋势、消费者行为的偏好、竞争对手的策略调整等，从而制定更加精准的市场策略和财务决策。

这种基于数据驱动的决策转变，不仅打破了传统决策模式的局限性，还使得企业能够在复杂的市场环境中保持灵活性和竞争力。企业不再依赖单一的数据来源或主观经验，而是通过大数据技术整合多源数据，形成全面的商业洞察。这种洞察力使得企业能够更加准确地预测市场变化，识别潜在风险和机遇，从而提高决策的成功率。

2. 数据洞察的战略价值

在大数据时代，信息不再只是决策的基础，更是企业获取竞争优势的战略资源。通过深入挖掘和分析数据，企业能够从中提取出具有战略价值的洞察。例如，通过分析客户的购买行为和市场趋势，企业可以预测未来的市场需求，提前制订生产计划和库存策略，避免库存积压或断货情况的发生。

此外，大数据技术还使得企业能够对业务流程进行全面分析和优化，从而提高运营效率和资源利用率。例如，企业可以通过大数据分析优化供应链管理，减少物流成本和交付时间，提高客户满意度。通过这种数据洞察，企业不仅能够实现财务管理的智能化和精细化，还能够增强企业的整体竞争力。

因此，大数据的应用促使企业在决策过程中必须重新审视传统的决策思路和环境，通过数据驱动的方式实现更加智能化的决策。

（二）基于数据的服务导向理念

大数据时代的另一个重要转变是企业管理理念的改变，特别是在服务导向方面。传统的企业管理通常以生产和销售为核心，强调效率和成本控制。然而，在大数据环境下，企业的运营模式逐渐转向以数据为中心，通过数据驱动的服务导向理念实现企业的全面发展。

1. 数据驱动的服务整合

企业在生产和运营过程中，需要对内外部数据进行持续收集和分析，以提高数据的应用能力，并将这些数据转化为有价值的信息。大数据技术使得企业能够更加敏锐地捕捉市场变化，快速响应客户需求，从而优化产品和服务。例如，企业可以通过分析客户反馈数据，了解客户的真实需求，并据此调整产品设计和营销策略。

这种基于数据的服务导向理念，不仅提高了企业的运营效率，还增强了企业的市场竞争力。通过数据的整合，企业能够实现前台与后台的紧密联动，使得各个业务环节围绕最具时代价值的信息和决策展开。例如，企业的前台部门可以通过实时数据获取市场动态，及时向后台反馈市场需求，而后台部门则利用这些数据进行分析和决策，快速调整生产和供应链计划，以满足市场需求。

2. 企业内部信息流动的优化

大数据技术促使企业内部的信息流动更加顺畅，有效减少了部门之间的信息不对称问题。在传统企业中，信息往往在不同部门之间传递缓慢，导致决策滞后和效率低下。而在大数据环境下，企业可以通过数据平台实现信息的实时共享，使得各部门能够随时随地获取所需信息，作出快速反应。例如，销售部门可以通过移动设备实时查看库存情况，财务部门可以实时监控资金流动情况，管理层可以实时跟踪各项业务指标的变化。

这种信息流动的优化，不仅提高了企业的运营效率，还增强了企业的应变能力。企业可以更加灵活地调整业务策略，快速适应市场变化，实现稳健发展。此外，大数据技术还使得企业能够更好地挖掘内部数据的潜在价值，从中发现新的业务机会和增长点。例如，企业可以通过分析员工行为数据和工作绩效，优化人力资源管理，提高员工的工作效率和满意度。

3. 数据驱动的社会化媒体应用

在大数据时代，企业不仅需要关注内部数据，还需要积极挖掘社会化媒体中的数据资源。通过分析社交媒体中的消费者评论、市场反馈和舆情动态，企业可以更好地了解市场需求和消费者偏好。例如，企业可以通过大数据分析发现消费者对某款产品的偏好，从而优化产品设计和营销策略，提升市场竞争力。

此外，大数据技术还使得企业能够更加精准地定位目标客户，实现个性化营销和服务。例如，企业可以通过分析社交媒体中的用户行为数据，了解客户的兴趣和需求，并据此制定个性化的营销策略，提高客户的满意度和忠诚度。这种基于大数据的社会化媒体应用，不仅增强了企业的市场竞争力，还为企业的可持续发展提供了新的动能。

因此，基于数据的服务导向理念是大数据时代企业管理的新思维，通过数据驱动的方式，企业能够实现全面的服务优化和价值提升。

（三）采用实时数据以减少决策风险

在大数据时代，企业面临的市场环境更加复杂多变，如何在动态环境中作出正确的决策，成为企业管理者面临的重大挑战。通过大数据技术，企业能够获取海量实时数据，从而实现对市场变化的敏捷反应，减少决策风险。

1. 实时数据的应用价值

大数据技术使得企业能够实时获取来自内部和外部的多种数据源，这些数据包括市场价格波动、客户行为变化、竞争对手动态等。通过对这些实时数据的分析，企业可以快速掌握市场变化情况，及时调整业务策略。例如，在市场出现波动时，企业可以通过实时数据分析迅速调整产品价格，避免因市场价格变动而导致的损失。

此外，实时数据的应用还使得企业能够更加灵活地进行动态预测和调整。例如，企业可以利用实时数据分析工具，监控库存水平和生产进度，及时调整生产计划，避免库存积压或断货情况的发生。通过这种动态管理，企业能够提高资源利用效率，减少运营成本，从而实现更高的利润。

2. 提高数据质量和工作效率

实时数据的应用不仅提高了企业的决策准确性，还显著提高了数据质量和工作效率。传统的数据分析往往存在滞后性，无法及时反映市场的变化情况。而通过大数据技术，企业可以实现对数据的即时分析和计算，缩短工作周期，提高数据处理效率。例如，企业可以通过实时数据分析工具，快速生成财务报表和业务报告，帮助管理层作出快速决策。

同时，实时数据的应用还使得企业能够更加有效地进行预算管理和业务流程优化。企业可以通过实时数据分析工具，监控预算执行情况，及时发现并纠正偏差，从而提高预算执行的准确性和有效性。此外，实时数据的应用还使得企业能够更加灵活地调整业务流程，优化资源配置，提高整体运营效率。

3. 减少决策风险的关键因素

在大数据时代，企业的决策风险主要来自市场的不确定性和数据的不准确性。通过大数据技术，企业可以获取更加全面和准确的市场信息，从而降低决策风险。例如，企业可以通过大数据分析预测市场需求的变化趋势，提前制定应对策略，避免因市场变化而导致的财务风险。

此外，大数据技术还使得企业能够进行更为精准的风险评估和管理。例如，企业可以通过分析历史数据和市场趋势，识别潜在的风险因素，并制定相应的风险控制措施。这种基于数据的风险管理方式，不仅提高了企业的风险应对能力，还增强了企业的市场竞争力。

因此，采用实时数据以减少决策风险是大数据时代企业财务管理的新思维。通过实时数据的应用，企业能够更加精准地预测市场变化，优化资源配置，提高决策的科学性和有效性，从而在竞争激烈的市场环境中保持领先地位。

第三节 大数据时代的无边界融合式财务管理

一、无边界融合式财务管理的含义

随着信息技术的进步和管理理念的发展，企业的内外部边界在不断扩展，财务管理的内涵和外延也在不断扩大。大数据时代，企业的所有部门都必须根据新环境的变化作出调整甚至变革，财务管理也不例外，将体现出多部门、多领域、多学科融合的特点。

企业根据产品和市场不同细分为多个业务单元，决策者如何有效地进行资源配置，很难通过经验来判断，最终还要依赖数据分析。大数据是根据大量真实的最新业务数据进行计算预测，在加工处理信息上利用独特优势，能够有效进行数据挖掘，帮助企业根据自身需求定制财务决策支持系统，对企业进行科学合理的决策建议。借助大数据实现财务信息与非财务信息的融合后，财务决策过程将更加科学合理，避免了单纯依靠财务信息决策带来的不可控风险。此外，大数据的便捷性也使得财务信息的提取更加智能化，充分挖掘潜在信息辅助决策，将资源更好地配置在优势增长领域，提高财务处理效率。

无边界管理理念最早由通用电气原首席执行官司杰克·韦尔奇（Jack Welch）提出。该理论并不是指企业真的没有边界，而是强调组织各种边界的有机性和渗透性，以谋求企业对外部环境的改变能够作出敏捷并具有创造力的反应。无边界融合式财务管理是以企业战略为先导，强调财务以一种无边界的主动管理意识，突破现有工作框架和模式，在价值链的各个环节进行财务理念的沟通与传导，形成财务与其他各个部门的融合，促进企业整体价值可持续增长的财务管理模式。无边界融合式财务管理通过将财务理念渗透到生产经营的各个环节，使信息沟通能打破部门和专业的壁垒，提高整个组织信息传递、扩散和渗透的能力，实现企业资源的最优化配置及价值的最大化创造。

二、打破财务管理的边界

根据韦尔奇的描述，企业组织中主要存在垂直边界、水平边界、外部边界、地理边界四种类型的边界，这四种边界将对组织职能的实现造成阻碍。要实现无边界融合式财务管理，必须打破财务管理的这四种边界，然而需要注意的是，此处提到的打破并不是指消除所有边界，而是要推倒那些妨碍财务管理的樊篱，具体内容如下。

（一）打破财务管理的垂直边界

财务管理的垂直边界是指组织内部严格的管理层次。传统的财务管理组织架构普遍具有严格的内部等级制度，界定了不同的职责、职位和职权，容易造成信息传递失真和响应时间迟滞。无边界财务管理则要求突破僵化的定位，采用一种部门内部的团队模式，上下级之间彼此信任、相互尊重，力争最大限度地发挥所有成员的能力。此外，减少财务部门的管理层次、实现组织的扁平化管理、建立富有弹性的员工关系、营造创新的文化氛围等都是打破财务管理垂直边界的路径。

（二）打破财务管理的水平边界

财务管理的水平边界是指财务部门与其他部门之间的分界线。现代企业的组织结构往往围绕专业来安排，如分成研发部、制造部、销售部、财务部、人力资源部等。在严格的水平边界下，由于每个职能部门有其特有的目标和方向，都在各自的领域内行使职责，久而久之各个职能部门可能会更多地考虑本部门的利益而忽视企业的整体目标，甚至会因为互相争夺资源而内耗不断。无边界模式下的财务管理则强调突破各个职能部门之间的边界，使财务部门与其他部门互通信息，实现企业价值链和财务链的同步。例如，构建不同部门间的工作团队、进行工作岗位轮换等都是对打破水平边界的有益尝试。

（三）打破财务管理的外部边界

自20世纪早期以来，价值链上的大多数企业一直从独立、分割的角度看待自己的地位，企业间更多的是斗争而非合作。然而如今，战略联盟、合作伙伴以及合资经营的发展速度大大超过了以往任何时候，企业单凭自身的力量已经很难在市场中竞争。作为企业信息管理最重要的部门，财务管理不能只局限于企业内部分析，还要将财务管理的边界进行外部扩展，实现价值链上的财务整合。如将相关企业的信息变动纳入财务管理系统，为产业链上的供应商和客户提供财务培训等帮助，与合作伙伴共享信息、共担风险。

（四）打破财务管理的地理边界

随着企业规模的扩大和全球化进程的加快，企业各个分部的地理位置越来越分散，财务部门的分散也随之形成。而作为整体战略和节约成本的需要，要打破各个地区的财务边界，形成新的财务管理模式——财务共享服务，将企业各业务单位分散进行的某些重复性财务业务整合到共享服务中心进行处理，促使企业将有限的资源和精力专注于核心业务，创建和保持长期的竞争优势。

三、无边界融合式财务管理的创新

（一）价值链财务管理理念

在价值链管理体系中，一个应用价值链会计管理的企业其实处在一个核心区域，以自身为中心向上下与左右延伸，上可以延伸到企业的最初供应商，下则到了最后总的企业客户，左延伸到了企业的事前决策，右延伸到了企业的事后评估。这种上、下、左、右全范围的价值链理念会计管理会使得企业与价值链中的企业共同获利实现一种双赢，而与此同时，也使得企业本身的事前决策与事后评估变得更加精准、明确。在这里要说明的是，由于这种价值链理论的存在使得企业的营业目标发生了改变，原本企业的价值目标通常是以利润最大化为前提的，而如今却变为价值最大化。这一转变对于企业而言是极为重要的。它能使企业在进行各类决策时多考虑其价值而非其利润，使得企业的目光更加长远而非局限于一时。这种价值链理念使财务管理的职权范围得到了空前的提升，其从通常的内部管理变为一种可以直接影响企业决策的管理活动。

（二）业财融合下的财务管理体系

实际上，价值链财务管理理念本身就是一种促进业财融合的手段。业务和财务进行融合本身并不是单纯地将财务人员派遣到业务部门，而是一种结合业务知识和人才培养来重新塑造财务体系与财务流程的方法，这是一种对业务全流程进行财务管理的手段，这样的手段一方面可以降低财务风险的出现；另一方面企业在做决策时可以通过业财联动来获取相关的管理信息，从而作出更加精准的决策。总体来说，业财融合包括业务流程的全面财务管理、企业决策的业财信息提供以及合理有效的绩效考核机制。

四、无边界融合式业财融合下的财务管理体系

业务和财务的融合不是简单地将财务人员分派到业务团队中，而需要以企业

前期充分的信息化建设和人才培养为前提，在价值文化的指导下重塑财务流程，对业务全程进行财务管理，通过业财联动为管理层提供决策支撑，在合理有效的绩效考核体系下对业财团队进行监督和激励，使所有的活动都贯穿价值文化理念中，最终确保企业战略目标的实现。

（一）以价值文化为先导的目标融合

企业的财务管理目标经历了从利润最大化、股东价值最大化向企业价值最大化的演变。在业财融合模式下，企业所有的管理活动仍要以价值最大化为目标，将战略管理与财务管理紧密结合，更加注重财务目标的高度和远度。财务文化作为财务管理的文化精髓，在管理实践中所显现的导向、凝聚、激励、约束、协调、教化等作用，是推动财务管理进步的强劲动力。在价值最大化目标下，财务文化也应凸显价值观念。因此，企业要以价值文化为驱动，在业务活动和财务活动中都以追求价值为目标实现融合，使业财融合对企业战略推进和业务发展的决策支持与服务功能得以充分发挥。

（二）以全业务流程业财联动为纲领的流程融合

业财融合最主要的特点就是将财务触角深入企业经营的各个方面，因此需要重塑财务流程，实现全业务流程的业财联动，保证业务信息和财务信息的及时转化。在业务流程中，预算是一切活动的开始，预算与业务流程的融合能够制订出更切实可靠的预算方案；收入是业务流程的核心，通过梳理各个业务环节所涉及的收入点并绘制收入风险地图，能够监控收入全程，保障收入实现；成本管控与业务流程的融合则更能体现精益财务的思想，借助信息系统能够对成本发生点进行监控，并及时调整资源的分配；资产是一切经营活动的基础，资产管理与业务流程相结合能够获取更详细准确的资产使用和需求状况；风险控制与业务流程的融合则更加满足了全面风险管理的要求。从预算管理、收入保障、成本管控、资产管理、风险控制等多角度出发，能够全方位管理企业经营活动，为管理层提供决策支撑，成为企业财务价值管理和风险防御的有力保障。

1. 预算管理

业财融合下，企业应将预算管理建立在提升企业价值的基础上，建立基于价值链的全面预算管理体系。首先，要求以战略为导向，将具有长远性和综合性特征的战略目标层层分解，落实到具体的业务规划以及具体的责任中心和经营期间，使战略目标具有可操作性。其次，预算管理要紧紧围绕价值活动中的增值活动，寻找增值作业的关键驱动因素，将企业关键资源配置给增值作业。再次，预算管理不仅要覆盖价值链中的每个环节，更要体现不同活动之间的业务逻辑，强调业务驱动预算，从而实现预算的闭环管理。最后，预算管理要适合企业的经营环境和价值链上的各项活动的动态变化，并及时修正预算或业务活动，保证战略目标的顺利实现。

2. 收入保障

收入是企业价值实现的源泉，收入保障是围绕流程和数据进行监测、分析、控制、改进的一系列活动，找出业务流程、系统功能、组织架构等方面可能导致收入流失的风险点，并采取相应的改进控制措施，使收入流失最小化。业财融合下的收入保障更具现实意义，业财团队通过细化业务中的财务问题，开展业财风险诊断工作，能够挖掘公司收入链条里的“失血点”，通过持续优化业务管理流程与系统支撑能力，有效解决收入“失血”问题，最终防范收入流失、保障企业价值的实现。

3. 成本管控

近年来，诸多企业已逐步从以市场扩张与收入提升的成长期过渡到注重效益与创新发展的成熟期。为使企业持久保持核心竞争力，必须通过加强成本管理，贯彻实施低成本高效运营策略。业财融合下的成本管控凸显了精细化的特点，使成本管理贯穿企业的各项业务活动和管理活动。在财务人员深入了解业务活动的业财融合过程中，能够对业务成本进行细化，迅速找到成本松弛点，进而对成本管控提出合理建议。此外，受益于业财融合的信息化建设，各级业务和财务部门依托成本分析共享平台，行动更加协同。

4. 资产管理

企业整体资产管理水平关系企业资产的使用效率，对资产的有效管理是提升企业价值的重要方式，如提高固定资产管理效率能够增大企业的投入产出比；而对金融资产的管理更是能够使企业直接从金融市场上获利。在业财融合实践中，财务人员能够深入价值链的各个环节，了解到企业的资产状况，有利于提高资产使用效率，也能够为资产购置和资产投资提供建议。

5. 风险控制

在美国反虚假财务报告委员会下属的发起人委员会（The Committee of Sponsoring Organizations of the Treadway Commission，COSO）发布的《企业风险管理框架》下，内部控制已经由合规型内部控制、管理型内部控制向价值型内部控制（全面风险管理）演变。业财融合不仅要求财务在发挥会计监督职能过程中与业务部门紧密协作沟通，对发现的问题及时传递给业务部门整改，更要求业务和财务协同处理跨部门、跨地市的风险问题，有效推动风险问题的整改与解决。业财融合下的风险管理体系应以业财人员为风险管理主体，以价值异常变动为风险着眼点，以价值保障为风险管理目的。

（三）以决策支撑为核心的系统融合

企业的财务状况和经营成果直接反映了企业的经营管理状况，为企业未来规划提供决策依据。但是传统的财务管理体系存在诸多弊端，业财融合下的系统融合则强调通过企业信息系统建设实现决策支撑功能，通过业务数据化提升财务管理的重要性。在促进业财系统融合时，应通过全面梳理和优化现有财务与业务系统，支撑业务数据自动生成财务数据，使财务数据能够穿透追溯到业务数据，实现业务和财务数据顺畅流转及全面共享，为价值管理进行量化评估提供数据平台。

（四）以业财团队为保障的人才融合

业财融合的实施需要专业的业财团队来完成，团队中的业务人员需要具备相应水平的财务知识，财务人员要具有主动获取需求和深入分析并持续推动的能力、全面的财务知识、较强的宣讲技能和沟通技巧，并且要具备很好的主动思维能力和团队协作精神。为了打造优秀的业财团队，企业可通过举办各种技能培训、读书会、内部技能认证等方式来加强人才培养，从而保障业财融合工作的顺利进行。

（五）以绩效考核为激励的制度融合

业财融合下的制度融合强调建立合理、有效的绩效考核制度，为业财团队的高效运作提供监督和激励作用。业财团队分别接受来自财务部门和业务部门的双向领导，因此也应受到这两个部门的双向考核，这种双向激励的政策有助于业务财务人员深入业务，真正从业务单位的角度思考问题，提供符合业务单位需求的财务支持。

综上所述，无边界融合式财务管理响应了大数据时代对财务管理的要求，为财务管理创新提供了系统化的发展路径。基于此，企业需要不断优化和创新自己的财务管理体系，尝试打破部门和专业壁垒，推行业财融合等新模式，从目标、流程、系统、人才、制度等多维度完善体系，使财务管理全程参与企业经营的整个过程，为管理者提供多维度、精细化的财务支撑信息，从而增强企业价值创造能力。

第四节　大数据时代的企业财务管理对策

大数据为企业提供了丰富的信息来源和分析手段，促使财务管理模式发生了深刻变革。然而，随着大数据技术的广泛应用，企业财务管理也面临着一系列新的挑战和问题。为了有效应对这些挑战，企业必须在财务管理观念、信息系统架构、人员素质、信息管理一体化、安全隐患防范和风险控制等方面进行全方位的优化与提升。下面将详细探讨大数据时代企业财务管理的对策。

一、建立与大数据概念相融合的财务管理观念

在大数据时代，传统的财务管理观念已经无法适应新环境的需求。财务管理人员必须将大数据概念融入日常的财务管理活动中，以应对大数据对财务管理带来的挑战和机遇。企业管理者需要深刻认识到大数据时代转变传统财务管理观念的重要性。过去，企业的财务管理往往依赖管理者的经验和直觉，然而这种方

式在当今激烈的市场竞争中显得力不从心。订单管理、客户信用评价、供应商信息、税务信息等与企业生产销售密切相关的重要信息，如今都来自数据分析。可以说，企业的生存与发展离不开大数据的支持。

（一）转变传统观念的必要性

大数据时代的到来，要求财务管理人员重新审视并转变传统的管理观念。传统的财务管理往往关注成本控制、利润核算等方面，忽视了对市场动态、客户需求和竞争环境的全面分析。而在大数据环境下，企业必须具备整合和分析大量数据的能力，才能作出科学的财务决策。例如，企业可以通过对历史销售数据和市场趋势的分析，预测未来的市场需求，从而制订更加精准的销售计划和预算方案。这种数据驱动的决策方式，不仅提高了决策的科学性，还降低了财务风险。

（二）融入大数据理念与技术

将大数据理念与技术融入财务管理，是企业在新时代保持竞争力的关键。大数据技术不仅可以帮助企业实时监控市场变化，还能通过数据分析发现潜在的商业机会和风险。例如，通过对客户交易数据的分析，企业可以评估客户的信用状况，提前预防潜在的信用风险。与此同时，大数据技术还可以帮助企业优化内部流程，提高运营效率。例如，企业可以通过大数据分析优化库存管理，减少资金占用，提升资金周转率。

大数据理念的融入，不仅体现在技术层面，更需要财务管理人员建立科学有效的管理方式，最大限度地规避企业财务风险，防止短期行为，追求企业长期的价值最大化。企业需要树立集人本、共赢、风险、信息、战略为一体的财务管理观念，从全局出发，制定符合大数据时代要求的财务战略，确保企业在激烈的市场竞争中立于不败之地。

二、建设企业信息系统架构

随着大数据技术的深入应用，建设一个与企业财务管理需求相匹配的信息系统架构变得尤为重要。信息系统架构不仅是企业进行财务管理的基础设施，更是企业在大数据时代实现智能化管理的关键所在。我国提出推行国家大数据战略，旨在推动大数据在制度、技术、观念等方面的发展。企业应顺应这一趋势，积极建设信息系统架构，为大数据时代的财务管理打下坚实基础。

（一）信息系统的技术支持

建设企业信息系统架构，需要强大的技术支持。企业可以委托专业的软件公司，招聘计算机技术人才并成立技术开发部门，支持创新科研项目。通过硬件备份、冗余系统、负载均衡等可靠性技术，企业可以为信息系统的稳定运行提供保障。同时，相关的软件技术提供的管理机制和控制手段，也能有效提高企业财务管理的信息化水平。

例如，企业可以建设一个多层次的信息系统架构，包括数据服务层、应用服务层和信息发布层等。在数据服务层，企业可以集成内部和外部的数据资源，确保数据的及时性和准确性；在应用服务层，企业可以开发各种应用程序，支持财务管理的各项功能；在信息发布层，企业可以通过各种平台发布财务报告和分析结果，方便管理层及时了解企业的财务状况。通过这种多层次的信息系统架构，企业不仅可以提高财务管理的效率，还可以实现财务管理的智能化和个性化。

（二）信息安全管理系统的建设

在信息系统架构的建设过程中，企业还必须重视会计信息的安全管理。随着大数据技术的应用，企业的财务数据量急剧增加，数据的安全性问题也变得更加突出。为了保护财务数据的安全，企业需要建立一个与内部控制制度相结合的会计信息安全管理系统。这一系统不仅要确保数据的完整性和保密性，还要防止数据被恶意篡改或泄露。

企业可以通过建立严格的访问控制机制，确保只有经过授权的人员才能访问财务数据。同时，企业还可以采用加密技术保护敏感数据，防止数据在传输过程中被截取或泄露。此外，企业还应定期进行安全审计，及时发现并修补系统漏洞，确保信息系统的安全性和可靠性。通过建设完善的信息安全管理系统，企业可以有效防范财务数据的安全风险，保障财务管理的顺利进行。

三、提高财务管理人员的综合素质

在大数据时代，财务管理人员的综合素质直接影响企业财务管理的效果。大数据的发展趋势要求财务管理人员不仅具备扎实的财务处理能力，还需要掌握数据分析和管理会计的知识，具备从大量数据中提取有价值信息的能力。为了应对这一挑战，企业需要全面提升财务管理人员的综合素质，使其能够在大数据环境下有效履行职责。

（一）多样化的数据分析能力

大数据环境下，财务管理人员需要处理的数据种类繁多，包括结构化数据、半结构化数据和非结构化数据。这些数据不仅数量庞大，而且格式复杂，传统的财务分析方法已经无法满足数据处理的需求。因此，财务管理人员必须掌握多样化的数据分析能力，能够利用现代数据分析工具对各类数据进行处理和分析。

例如，财务管理人员需要熟悉数据挖掘、机器学习、统计分析等技术，能够通过对历史数据的分析预测未来的财务状况。同时，财务管理人员还需要具备处理非结构化数据的能力，如处理来自社交媒体的客户反馈数据、市场趋势数据等。通过提高数据分析能力，财务管理人员可以更加准确地预测市场变化，制定科学的财务决策，提高企业的财务管理水平。

（二）全面的管理会计知识

除了数据分析能力外，财务管理人员还需要具备全面的管理会计知识。在大数据时代，财务管理不仅要关注传统的财务核算，还要参与企业的战略制定和资源配置。因此，财务管理人员必须具备管理会计的知识和实践经验，能够从企业的整体战略出发，谋求企业价值最大化。

在客户与业务方面，财务管理人员需要对客户的资金流程进行优化，最大限度发挥财务的参谋作用。例如，财务管理人员可以通过分析客户的信用状况和资金需求，制订个性化的融资方案，帮助企业提升客户满意度和忠诚度。在战略方面，财务管理人员需要参与企业的战略制定，运用产业价值链、商业模式等管理知识，对企业的资源配置进行优化，提升企业的整体竞争力。在运营方面，财务管理人员需要集中管理财务资源，减少管理层级，加大企业管理力度，确保企业的财务管理能够支持企业的长期发展战略。

（三）对企业业务流程的深度理解

财务管理人员还需要深入了解企业的业务流程，才能在大数据环境下有效地进行财务管理。企业的业务流程复杂多样，涉及生产、销售、采购、库存管理等多个环节。财务管理人员只有深入了解这些流程，才能准确评估企业的财务状况，发现潜在的风险和问题。

例如，财务管理人员需要了解企业的生产流程，掌握生产成本的构成，才能进行精准的成本核算和控制。同时，财务管理人员还需要了解企业的销售流程，分析销售数据和市场需求，才能制定科学的销售预算和定价策略。此外，财务管理人员还需要了解企业的供应链管理，优化库存管理，减少资金占用，提高资金周转率。通过对企业业务流程的深度理解，财务管理人员可以为企业提供更有针对性的财务管理服务，提高企业的财务管理水平。

四、推进企业财务信息管理一体化

大数据时代的到来，使企业信息管理变得更加复杂和重要。为了提高财务管理的效率和准确性，企业必须推进财务信息管理的一体化，避免“信息孤岛”现象的出现。“信息孤岛”是指企业各部门之间的信息无法共享，导致信息传递不畅，影响决策的科学性和及时性。通过推进财务信息管理一体化，企业可以实现信息的多层次、全面共享，提高财务管理的整体水平。

（一）建立统一的信息管理平台

推进企业财务信息管理一体化的关键在于建立一个统一的信息管理平台。该平台应能够连接企业所有的价值链，包括基本活动和辅助活动，确保企业各部门之间的信息共享和协同工作。通过统一的信息管理平台，企业可以将各部门的财务信息进行集中管理和分析，避免“信息孤岛”的产生。

例如，企业可以通过信息管理平台将生产部门的成本数据、销售部门的收入数据、采购部门的库存数据等进行整合，生成全面的财务报告。这种信息的集中管理，不仅提高了财务数据的准确性，还使得财务管理人员能够及时掌握企业的整体财务状况，作出科学的财务决策。此外，信息管理平台还可以实现信息的实时更新，确保财务数据的时效性，提高财务管理的效率。

（二）促进财务信息的及时反馈

通过推进财务信息管理一体化，企业可以实现财务信息的及时反馈，避免财务漏洞的出现。传统的财务管理往往存在信息传递滞后的问题，导致财务决策无法及时反映市场的变化情况。而通过信息管理平台，企业可以实现财务信息的实时查询与反馈，确保财务管理的科学性和及时性。例如，企业可以通过信息管理平台实时监控资金流动情况，及时发现并处理资金风险。此外，信息管理平台还可以实现财务数据的自动化处理，减少人工操作的错误率，提升财务管理的准确性。通过这种及时反馈机制，企业可以有效防范财务风险，确保财务管理的稳定性和安全性。

（三）实现财务资源的高效运转

推进财务信息管理一体化，还可以实现财务资源的高效运转。通过信息管理平台，企业可以对资金、资产、负债等财务资源进行统一管理和调配，确保资源的合理配置和高效利用。例如，企业可以通过信息管理平台优化资金管理，减少资金占用，提高资金周转率。此外，信息管理平台还可以帮助企业优化资产管理，减少资产浪费，提高资产利用率。通过这种高效运转机制，企业可以提高财务资源的使用效率，提高整体运营水平。

（四）促进财务管理责任的传递

财务信息管理一体化建设可以促进财务管理责任的传递，确保财务管理的规范性和透明度。在传统的财务管理模式中，财务管理责任往往集中在少数管理层，导致责任传递不畅，影响财务管理的效果。而通过信息管理平台，企业可以将财务管理的责任传递到各个具体的部门和人员，确保财务管理的规范性和透明度。

例如，企业可以通过信息管理平台将财务预算的执行责任分配到各个部门，确保各部门按照预算执行计划进行财务管理。此外，信息管理平台还可以实现财务数据的实时监控，确保各部门的财务管理活动符合企业的整体战略目标。通过这种责任传递机制，企业可以加强财务管理的执行力，确保财务管理的效果和质量。

五、防范财务管理信息安全隐患

随着大数据技术的广泛应用，企业的财务管理信息安全问题也日益突出。在互联网大数据时代，信息存储、数据处理、网络安全等问题成为企业财务管理面临的重大挑战。为了保障财务管理的安全性，企业必须采取有效措施，防范财务管理信息的安全隐患。

（一）提高网络安全意识

企业需要提高网络安全意识，重视信息安全管理。网络安全不仅是技术问题，更是管理问题。企业需要制定严格的信息安全管理制度，确保财务数据的安全性。例如，企业可以定期进行信息安全培训，提高员工的安全意识，防范信息泄露和网络攻击。此外，企业还应加强对信息系统的监控，及时发现并处理安全隐患，确保信息系统的安全稳定运行。

（二）建立用户身份安全验证机制

为了防止财务数据被恶意访问和篡改，企业需要建立用户身份安全验证机制。通过身份验证机制，企业可以确保只有经过授权的人员才能访问财务数据，防止未经授权的人员获取敏感信息。例如，企业可以采用双因素身份验证技术，通过密码和生物识别技术（如指纹识别、面部识别等）双重验证用户身份，确保数据访问的安全性。

（三）加强数据加密和访问控制

企业需要加强财务数据的加密和访问控制，防止数据在传输和存储过程中的泄露风险。通过数据加密技术，企业可以将敏感数据进行加密存储，确保数据在被截取时无法被解读。此外，企业还应加强对数据访问权限的管理，确保只有经过授权的人员才能访问特定的财务数据，防止数据被滥用。

（四）开发财务管理信息安全系统

企业可以开发以政府为主导、各服务商参与的财务管理信息系统，为企业提供数据处理服务。这一系统不仅可以提高数据处理的效率，还可以为企业提供更加安全的数据存储和管理服务。例如，企业可以通过云计算平台存储财务数据，确保数据的安全性和可用性。同时，企业还可以利用大数据分析技术，及时发现并处理信息系统中的安全隐患，确保财务管理的安全性。

（五）建立会计信息安全管理系统

企业需要建立以企业为单元的会计信息安全管理系统，确保财务数据的安全性和完整性。通过会计信息安全管理系统，企业可以对财务数据进行统一管理，确保数据的准确性和一致性。例如，企业可以通过会计信息安全管理系统自动生成财务报表，减少人工操作的错误率，提高财务管理的效率。此外，企业还可以通过会计信息安全管理系统对财务数据进行定期备份，确保数据在发生意外时能够及时恢复。

六、增强财务控制能力，增强风险意识

在市场经济竞争日益激烈的今天，企业面临的经营风险不断增加。为了确保企业的长期稳定发展，企业必须增强财务控制能力，提升风险意识，合理规避财务风险。

（一）借助大数据和云计算手段

大数据和云计算技术为企业的财务管理提供了强大的支持。企业可以利用这些技术进行市场分析，预测市场趋势，制定科学的财务决策。例如，企业可以通过大数据分析了解市场需求的变化情况，及时调整产品价格和生产计划，避免库存积压或资金链断裂。此外，企业还可以利用云计算平台进行财务数据的实时监控，及时发现并处理财务风险。

（二）关注财务评价指标

在进行财务管理时，企业必须关注各项财务评价指标的动向，确保财务管理的稳定性和安全性。例如，企业应定期监控资产负债率、流动比率、速动比率等关键财务指标，确保这些指标在正常范围内运行。通过关注财务评价指标，企业可以及时发现财务管理中的问题，避免财务风险的发生。

（三）进行充分的市场调研和分析

在进行投资活动或开发新产品时，企业必须进行充分的市场调研和分析，避免盲目决策。例如，企业可以通过大数据技术分析市场需求的变化情况，预测产品的市场前景，从而制定科学的投资决策。此外，企业还应对投资风险、投资回报和资金成本进行全面评估，确保投资决策的合理性和可行性。

（四）强化企业的长期意识

在进行财务管理时，企业必须树立长期意识，避免短期行为。例如，企业在进行财务决策时，应关注企业的长期发展目标，避免只追求短期利益而忽视长期风险。通过树立长期意识，企业可以制定更加稳健的财务策略，确保企业的可持续发展。

总之，大数据时代下的财务管理不再是简单的记账核算机构，财务人员的工作将聚焦于价值管理和创造，其角色也将变为提供决策支持的管理者、企业变革的领导者和可咨询相关业务的合作伙伴。

第四章 大数据时代的企业信息管理

第一节　企业信息管理概述

在企业财务管理中，信息的处理与管理是至关重要的环节。随着大数据时代的到来，企业所需处理的信息量呈现出爆炸式的增长，这不仅需要企业能够高效地收集、整合、分析各种财务信息，还需要确保信息的准确性和安全性。由此可见，大数据时代对传统的财务管理模式提出了严峻的挑战。为了应对这一挑战，研究大数据时代的企业信息管理变得尤为重要。

一、企业信息管理的基础知识

企业信息管理是企业经营管理中不可或缺的一部分，它涵盖了为实现企业的经营目标、战略规划、生产运营等各个方面所进行的信息收集、加工、处理、传递、储存、交换、检索、利用、反馈等活动的综合过程。随着信息技术的迅猛发展，企业信息管理的重要性愈加凸显，它不仅是一个技术问题，更是一个战略问题，是企业在激烈市场竞争中保持竞争优势的关键所在。

（一）企业信息管理的定义和内涵

企业信息管理可以定义为企业管理者为实现企业目标，对企业信息及信息活动进行全面管理的过程。它是企业利用先进的信息技术，对信息进行采集、整理、加工、传播、存储和利用的全过程，同时对信息活动进行战略规划，涉及信息活动中的各个要素的计划、组织、领导和控制。企业信息管理的目标是通过有效的资源配置、共享管理和协调运行，以最小的成本创造最大的效益。

企业信息管理不仅是一种管理信息的形式，更是一种将信息视为待开发资源的管理理念。它将信息和信息活动视为企业的核心资产，强调信息在企业中的重要性。通过科学的信息管理，企业可以将各种类型的信息转化为企业的财富，促进企业的可持续发展。

在企业信息管理中，信息和信息活动是最为关键的对象。企业的所有活动，诸如生产运营、财务管理、市场营销、人力资源等，都必须转化为信息，以“信息流”的形式在企业信息系统中运行。通过信息流的管理，企业可以实现信息的传播、存储、共享、创新和利用，从而提高企业的整体管理效率和竞争力。

此外，传统管理中的物质流、资金流、价值流等也需要转化为信息流，纳入企业信息管理的范畴。这一过程不仅有助于企业实现各项管理职能，还能够提高企业管理的整体效能。为了实现这一目标，企业必须遵循信息活动的固有规律，建立相应的管理方法和制度。只有这样，企业才能在信息管理过程中发挥出最佳效果，达成各项管理目标。

（二）企业信息管理的对象与过程

企业信息管理的主要对象是信息和信息活动。信息是企业的核心资源，它包括企业内部和外部的各种数据和信息资源。信息活动则是指企业在经营管理过程中所进行的各种信息处理操作，包括信息的采集、整理与加工、传播与传递、存储与管理、共享与创新、利用与反馈等。

1. 信息采集

信息采集是企业信息管理的起点，也是信息管理的基础。它包括企业对内部和外部环境中各种相关信息的收集。内部信息通常包括生产数据、销售数据、财务数据、人力资源数据等，而外部信息则包括市场动态、行业趋势、政策法规、竞争对手信息、客户反馈等。信息采集的目的是为企业提供全面、及时、准确的信息支持，以便企业管理者能够作出科学合理的决策。

信息采集的渠道多种多样，可以通过企业内部的信息系统进行自动化采集，也可以通过市场调研、客户访谈、数据购买等方式获取外部信息。随着互联网和大数据技术的发展，信息采集的范围和深度得到了极大的拓宽，企业可以从海量的数据信息中提取出对自身有价值的信息。

2. 信息整理与加工

在完成信息采集后，企业需要对收集到的信息进行整理与加工。这一过程包括对信息进行分类、筛选、分析和处理，以便将原始数据转化为有用的信息。信息整理与加工的目的是提高信息的利用价值，使之更符合企业的实际需求。

信息整理与加工通常包括数据清洗、数据整合、数据分析等步骤。数据清洗是指对采集到的信息进行去重、纠错、补全等操作，确保数据的准确性和完整性。数据整合是指将不同来源、不同格式的信息进行标准化处理，整合成统一的数据集。数据分析则是通过统计分析、数据挖掘、预测分析等方法，对整理后的数据进行深入分析，挖掘数据中的潜在规律和价值。

信息整理与加工的质量会直接影响信息管理的效果，因此企业必须重视这一过程，采用先进的技术和工具进行数据处理，确保信息的高效利用。

3. 信息传播与传递

信息传播与传递是企业信息管理中的重要环节。信息在企业内外部的有效传递，能够确保信息的及时共享和利用，提高企业的反应速度和决策效率。信息传播与传递的形式多种多样，可以通过企业内部的网络系统、邮件系统、信息平台等进行，也可以通过会议、文件、报告等传统方式进行。

在信息传播与传递的过程中，信息的准确性和及时性至关重要。企业必须确保信息在传递过程中不失真、不延迟，避免因信息传递不畅导致的决策失误。此外，信息的传递路径和渠道也应根据企业的实际情况进行优化，确保信息能够快速到达需要的人手中。

现代企业往往借助信息化系统和网络平台实现信息的快速传播，如企业资源计划系统、客户关系管理系统、供应链管理系统等。这些系统不仅能够提高信息传递的效率，还能够实现信息的自动化处理和共享，减少人为操作带来的误差和延迟。

4. 信息存储与管理

信息存储与管理是企业信息管理中不可忽视的环节。企业在经营过程中产生的各种信息和数据，必须进行有效的存储和管理，以确保信息的安全性、完整性和可用性。信息存储包括数据的备份、归档和长期保存，而信息管理则包括对存储信息的分类、检索、访问控制等。

在信息存储与管理过程中，数据的安全性是首要考虑的问题。企业需要采用多种安全措施，如数据加密、访问控制、权限管理等，防止信息泄露和非法访问。同时，企业应定期进行数据备份，防止数据丢失和损坏。此外，随着信息量的增加，企业还需要考虑信息的存储空间和存储方式，选择合适的存储介质和技术，确保信息的长期保存和高效管理。

现代信息管理系统通常具备强大的信息存储和管理功能，能够自动对信息进行分类、归档，并提供便捷的检索和访问功能。这不仅提高了信息管理的效率，还能够帮助企业更好地利用信息资源，支持企业的决策和管理。

5. 信息共享与创新

信息共享与创新是企业信息管理的核心目标。信息共享是指企业内部各部门、各层级之间的信息互通与共享，信息创新是指在已有信息的基础上，通过信息的深度挖掘和分析，产生新的知识和洞察，为企业创造新的价值。

信息共享能够打破“信息孤岛”，实现信息在企业内部的自由流动，从而提高企业的整体协同能力和效率。信息共享的实现依赖信息系统的建设和信息管理制度的完善。企业需要建立统一的信息平台，确保各部门之间的信息可以无障碍传递和共享。同时，企业需要制定信息共享的管理制度，明确信息的共享范围和权限，确保信息在共享过程中的安全性和合规性。

信息创新则是企业在信息管理中的更高层次追求。通过对信息的深度分析和挖掘，企业可以发现市场趋势、客户需求、竞争态势等重要信息，为企业的战略规划和决策提供支持。例如，企业可以通过大数据分析了解客户的消费习惯，预测市场的未来发展趋势，从而制订更加精准的营销策略和产品开发计划。

信息创新不仅能够为企业带来直接的经济效益，还能够提高企业的核心竞争力。在信息时代，企业的竞争优势越来越依赖信息的获取和利用能力。通过信息创新，企业可以不断提升自身的创新能力，保持在市场中的领先地位。

6. 信息利用与反馈

信息利用与反馈是企业信息管理的最终环节。通过信息的利用，企业可以将信息转化为决策支持、管理改进、市场竞争等方面的实际成果。信息反馈则是指在信息利用后，将信息的使用效果和结果反馈回信息管理系统，以便进一步优化和改进信息管理过程。

信息利用的过程包括信息的分析、应用和决策支持。企业管理者通过对信息的分析，可以发现问题、制定策略、优化流程，从而提高企业的管理水平和市场竞争力。例如，企业可以通过对销售数据的分析，调整产品定价策略，优化销售渠道，提升销售业绩。

信息反馈则是信息管理的闭环过程。通过信息反馈，企业可以了解信息管理的效果，发现信息管理中的不足，并及时进行调整和改进。例如，企业可以通过客户反馈数据，了解产品和服务中的问题，并将这些问题反馈给相关部门，以便改进产品质量和服务水平。信息反馈不仅能够提高信息管理的效率，还能够帮助企业不断优化信息管理流程，提高整体管理水平。

（三）企业信息管理的原则与方法

企业信息管理必须遵循一定的原则和方法，才能确保信息管理的科学性和有效性。以下是企业信息管理中常见的原则和方法。

1. 信息活动的固有规律

企业信息管理必须遵循信息活动的固有规律。这些规律包括信息的传递规律、信息的加工规律、信息的存储规律等。企业在进行信息管理时，必须尊重这些规律，避免违反信息活动的基本逻辑。例如，信息传递必须保证信息的准确性和及时性，信息加工必须保证信息的完整性和有效性，信息存储必须保证信息的安全性和可用性。

2. 科学的管理方法

企业信息管理需要采用科学的管理方法，确保信息管理的高效性和可靠性。常见的管理方法包括信息分类管理法、信息生命周期管理法、信息安全管理法等。信息分类管理法是指根据信息的类型、来源、用途等对信息进行分类管理，确保信息的有序存储和高效利用。信息生命周期管理法是指根据信息的生命周期对信息进行管理，确保信息在不同阶段的有效管理和利用。信息安全管理法是指通过加密、权限管理、访问控制等手段，确保信息的安全性和完整性。

3. 完善的管理制度

企业信息管理需要建立完善的管理制度，确保信息管理的规范性和合规性。管理制度包括信息管理的组织架构、职责分工、操作流程、权限设置等内容。通过完善的管理制度，企业可以确保信息管理的各个环节都有章可循，有效避免信息管理中的混乱和失误。

4. 持续的创新与改进

企业信息管理需要不断创新与改进，适应信息技术的发展和市场环境的变化。信息管理的创新不仅体现在技术层面，还体现在管理方法和管理理念的创新。例如，企业可以引入大数据、人工智能、云计算等先进技术，提升信息管理的效率和效果。此外，企业还可以创新信息管理模式，探索更加灵活、高效的信息管理方法。

（四）企业信息管理的战略意义

企业信息管理不仅是企业运营中的一个管理环节，更是企业战略管理的重要组成部分。在信息化时代，信息已经成为企业的重要战略资源，企业信息管理的好坏直接影响企业的竞争力和发展前景。

通过有效的企业信息管理，企业可以实现信息资源的优化配置，提高信息的利用效率，增强企业的市场竞争力。同时，企业信息管理还可以为企业的战略决策提供有力支持，帮助企业在激烈的市场竞争中把握机遇，规避风险，赢得竞争优势。

企业信息管理的战略意义体现在企业文化的建设上。通过信息管理，企业可以加强内部沟通与协作，提升企业员工的信息意识和管理能力，营造一个以信息为导向的企业文化。这种企业文化不仅有助于提高企业的管理水平，还能够增强企业的凝聚力和创新力，为企业的可持续发展提供坚实的基础。

二、企业信息管理的基本任务

企业信息管理的基本任务是确保企业能够高效利用信息资源，从而支持企业的战略规划、经营决策、管理优化和生产运营。随着信息技术的迅猛发展，信息管理的任务不再局限于传统的数据收集和处理，更涵盖了信息资源的组织、信息质量的提升、信息系统的建设与维护等多个方面。

（一）有效组织企业现有信息资源

信息资源是企业的重要资产，涵盖了从业务数据到市场分析，从财务报表到人力资源信息的方方面面。如何有效组织这些信息资源，使其能够为企业的战略、经营、管理和生产服务，是企业信息管理的首要任务。

1. 信息资源的分类与整合

在企业信息管理中，需要对现有的信息资源进行系统分类与整合。企业的信息资源来源广泛，既包括内部生成的数据，如销售数据、生产数据、财务数据等，也包括外部获取的信息，如市场动态、政策法规、行业趋势等。为了提高信息资源的利用效率，企业必须对这些信息进行合理分类，使其在企业的各个管理层次都能够被高效利用。

分类的信息资源不仅便于管理，还可以通过整合来实现更高的利用价值。信息整合是指将不同来源、不同类型的信息资源进行统一处理，以形成一个能够支持企业决策的综合信息系统。通过信息整合，企业可以打破“信息孤岛”，实现信息的无缝衔接，确保各部门之间的信息流通畅通无阻。

2. 信息资源的优化与利用

有效的组织不仅是对信息资源的分类与整合，更涉及信息资源的优化与利用。信息资源的优化是指通过技术手段和管理措施，提升信息资源的质量和可用性。例如，企业可以通过数据清洗和数据挖掘技术，去除冗余信息，提取有价值的数据，为管理决策提供更精准的信息支持。

在信息资源的利用方面，企业信息管理需要确保信息资源能够为企业的战略规划和运营管理提供有力支持。通过信息系统的开发与应用，企业可以将信息资源转化为决策支持工具，帮助管理层进行科学的决策。例如，企业可以利用信息资源进行市场分析，预测市场趋势，制定营销策略；也可以利用信息资源优化生产流程，提高生产效率，降低运营成本。

3. 信息资源的安全与维护

在信息管理过程中，信息资源的安全性是不可忽视的重要任务。随着信息技术的发展，企业面临的信息安全风险日益增多，信息泄露、数据丢失、网络攻击等问题时有发生。因此，企业必须建立健全信息安全管理制度，采取必要的技术手段，确保信息资源的安全性和完整性。

信息资源的维护同样是信息管理的重要内容。企业的信息资源是动态变化的，随着时间的推移，信息内容可能会发生变化，部分信息可能失效或需要更新。因此，企业必须建立信息资源的定期维护机制，及时更新信息内容，确保信息的准确性和时效性。同时，企业还应对重要信息进行备份，防止信息丢失或损坏。

（二）提供高质量的信息支持企业决策

企业信息管理的另一项基本任务是为企业的各级管理层次提供高质量的信息支持，帮助企业在激烈的市场竞争中作出科学合理的决策。高质量的信息支持不仅依赖信息的全面性和准确性，更依赖信息处理的系统性、时效性和科学性。

1. 信息的全面性与准确性

全面性和准确性是信息质量的基本要求。为了确保信息能够为企业决策提供有力支持，企业信息管理必须从多方面收集信息，确保信息的覆盖面广、内容翔实。例如，在进行市场分析时，企业不仅需要收集市场销售数据，还需要了解竞争对手的动态、政策变化、消费者行为等多维信息，以确保决策的科学性和全面性。

信息的准确性同样至关重要。企业必须通过严格的验证和审核机制，确保收集到的信息真实可靠，避免因信息失真而导致的决策失误。在信息处理过程中，企业应通过数据清洗、数据校验等手段，排除数据中的错误和不一致之处，确保信息的高准确性。

2. 信息处理的系统性

系统性是指在信息管理过程中，企业能够按照一定的逻辑和流程，对信息进行系统的处理和分析，确保信息能够在企业的各个层次被有效利用。信息处理的系统性体现在信息采集、整理、分析、传递、存储等各个环节。

在信息采集环节，企业需要建立完善的信息收集系统，确保信息来源的多样性和可靠性。在信息整理和分析环节，企业需要运用现代信息技术，如数据挖掘、数据分析等工具，对信息进行深度处理，挖掘出信息背后的价值。在信息传递和存储环节，企业需要建立信息共享平台，实现信息在各部门之间的快速传递和有效存储，确保信息能够为企业的经营管理提供持续支持。

3. 信息服务的时效性

时效性是企业信息管理中另一项重要的质量要求。企业信息管理的时效性体现在信息收集和处理的速度，以及信息传递和利用的及时性。随着市场环境的快速变化，企业必须能够快速获取最新的市场信息，并将这些信息及时传递给决策层，以便企业能够迅速作出反应，抓住市场机会。

为了提高信息服务的时效性，企业可以利用实时数据分析技术，建立快速响应的信息管理系统。例如，企业可以通过实时监控市场动态，及时调整营销策略和生产计划，确保企业在竞争中保持优势。此外，企业还可以通过自动化信息系统，实现信息的快速处理和传递，减少信息处理的时间和人工干预，提高信息服务的效率。

4. 信息工作的科学性

科学性是指信息管理过程中的分析方法和决策依据必须科学合理，符合企业的实际情况和发展需求。为了实现信息工作的科学性，企业必须采用科学的分析方法和决策模型，确保信息处理的客观性和准确性。

例如，企业可以通过建立数学模型，对市场数据进行预测分析，帮助企业制订科学的销售预测和生产计划。同时，企业还可以通过大数据分析，挖掘信息中的潜在规律，为企业的战略规划提供数据支持。此外，企业还应注重信息工作的规范化，制定信息管理的标准流程和操作规范，确保信息管理工作的科学性和一致性。

（三）提升信息产品和服务质量

企业信息管理不仅是对现有信息资源的管理，还需要不断收集最新的经济信息，以提高信息产品和信息服务的质量。随着市场环境的变化和信息技术的发展，企业必须保持对外部信息的敏锐性，及时更新信息内容，以适应企业发展的需要。

1. 信息收集的广泛性和多样性

企业信息管理的基本任务之一是不断拓展信息收集的广泛性和多样性。广泛性是指信息收集的范围应涵盖企业运营所涉及的各个领域，包括宏观经济、行业趋势、市场动态、政策法规、技术创新、竞争对手动向等。多样性是指信息来源应多元化，包括传统媒体、社交网络、市场调研、客户反馈、合作伙伴等。

在信息收集过程中，企业应特别关注全球化和数字化带来的影响。随着全球市场的联动性增强，企业不仅要关注本地市场的信息，还要密切关注国际市场的动态。此外，随着数字化技术的普及，企业可以利用互联网、大数据、人工智能等技术手段，收集和分析海量数据，从中提取有价值的信息，为企业决策提供参考。

2. 信息产品和服务的创新

信息产品和服务是企业信息管理的具体成果，其质量直接影响到企业的管理水平和市场竞争力。为了提高信息产品和服务的质量，企业信息管理必须不断进行创新，推出更符合市场需求和企业发展的信息产品和服务。

信息产品的创新主要体现在内容的丰富性、形式的多样性和交付的及时性。企业可以根据市场的变化和客户的需求，不断更新信息内容，推出新的信息产品，如行业分析报告、市场预测、竞争对手研究、客户满意度调查等。此外，企业还可以通过多种形式，如数据可视化、交互式报表、移动端应用等，提高信息产品的易用性和可读性。

信息服务的创新则体现在服务模式的多样化和服务质量的提升。企业可以通过个性化的信息服务，满足不同客户和部门的需求，如提供定制化的信息分析服务、实时的信息监控服务、全面的信息咨询服务等。此外，企业还可以通过信息系统的升级改造，提高信息服务的响应速度和准确性，为客户和管理层提供更优质的信息支持。

3. 信息管理的计算机化和智能化

随着信息技术的发展，企业信息管理的计算机化和智能化已经成为大势所趋。计算机化是指利用计算机技术，实现信息管理的自动化处理，提高信息管理的效率和准确性。智能化是指利用人工智能、大数据、云计算等先进技术，实现信息管理的智能分析和决策支持。

企业信息管理的计算机化和智能化不仅可以提高信息处理的速度，还可以提高信息分析的深度和广度。通过智能化的信息管理系统，企业可以自动化处理大量数据，进行深度分析和预测，挖掘信息中的潜在价值。此外，智能化的信息管理系统还可以实现信息的自动更新和实时监控，确保信息的时效性和准确性。

企业信息管理的智能化不仅可以提高管理效率，还可以增强企业的市场竞争力。在智能化的信息管理环境中，企业可以敏捷地应对市场变化，快速调整经营策略，抓住市场机会，实现可持续发展。

4. 信息工作的系统性与集成性

信息工作的系统性与集成性是确保信息管理质量的关键。系统性是指企业信息管理应当遵循科学的管理体系，按照既定的流程和标准，进行信息的收集、处理、存储和利用。集成性是指企业应当将不同来源、不同格式的信息进行统一整合，形成一个完整的信息系统，确保信息的全面性和一致性。

企业信息管理的系统性要求企业建立完善的信息管理体系，明确信息管理的职责分工、操作流程和管理标准，确保信息管理工作的规范化和标准化。通过系统化的信息管理，企业可以有效提高信息的利用效率，减少信息管理中的混乱和失误。

信息工作的集成性要求企业将分散在各个部门、各个系统中的信息进行整合，形成一个统一的信息平台，实现信息的共享和联动。例如，企业可以通过信息集成平台，将生产数据、销售数据、市场数据、财务数据等进行统一整合，形成一个全局视角的信息系统，为企业的经营决策提供全面支持。

通过系统性与集成性的结合，企业可以实现信息管理的整体优化，提高信息管理的质量和效率，为企业的发展提供强有力的信息支持。

三、企业信息管理的内容

企业信息管理是现代企业管理的重要组成部分，涵盖信息化建设、信息开放与保护、信息开发与利用等多个方面。这些内容不仅确保企业能够高效运作，还能够增强企业的竞争力和可持续发展能力。企业信息管理的内容涉及信息技术的应用、信息资源的开发、信息安全的保护等多个层面，是企业实现信息化、提高管理水平的重要基础。

（一）企业信息化建设

企业信息化建设是企业实现信息管理的基础和前提条件。信息化建设包括多方面的内容，涉及计算机网络基础设施建设、生产制造管理系统的信息化、企业内部管理业务的信息化、信息化资源的开发与利用以及信息资源的建设等。这些内容相互联系，共同构成了企业信息化建设的整体框架。

1. 计算机网络基础设施建设

企业信息化建设的首要任务是建立完善的计算机网络基础设施。这包括企业计算机设备的普及、企业内部网（Intranet）和企业外部网（Extranet）的建立以及与因特网（Internet）的连接等。通过建设计算机网络基础设施，企业可以实现内部信息的高效传递和外部信息的便捷获取，为企业的信息管理提供技术支持。

内部网（Intranet）是企业内部的信息交流平台，能够连接企业的各个部门和员工，实现信息的共享与传递。通过内部网，企业可以发布内部公告、共享文档、进行项目协作等，大大提高了企业内部的沟通效率和工作效率。外部网（Extranet）则是企业与外部合作伙伴、供应商、客户之间的信息交流平台，通过外部网，企业可以与外部伙伴进行业务合作、数据交换，增强企业的市场响应能力。

此外，企业还需要建立与因特网（Internet）的连接，实现全球信息资源的获取与利用。通过因特网，企业可以随时获取最新的市场动态、行业信息、技术发展等，为企业的战略决策提供信息支持。同时，因特网也为企业开拓全球市场、开展电子商务提供了广阔的平台。

2. 生产制造管理系统的信息化

生产制造管理系统的信息化是企业信息化建设的重要组成部分。随着制造业的不断发展，信息技术在生产制造中的应用越来越广泛，如计算机辅助设计（Computer Aided Design，CAD）、计算机辅助制造（Computer Aided Manufacturing，CAM）等。这些技术的应用，不仅提高了生产效率，还提高了产品质量和生产管理水平。

计算机辅助设计（CAD）是一种利用计算机技术进行产品设计和开发的工具，通过CAD技术，企业可以进行产品的三维建模、仿真分析、工程图纸绘制等，大大提高了设计效率和精度。计算机辅助制造（CAM）则是利用计算机技术进行生产过程控制和制造的工具，通过CAM技术，企业可以实现生产过程的自动化和智能化，提高生产效率和产品质量。

此外，企业还可以通过引入智能制造技术，如物联网、工业机器人、智能物流等，进一步推动生产制造的智能化发展。通过信息化的生产制造管理系统，企业可以实现生产流程的优化、生产资源的高效利用，降低生产成本，提高市场竞争力。

3. 企业内部管理业务的信息化

企业内部管理业务的信息化是企业信息化建设的重要内容，涉及企业的管理信息系统（Management Information System，MIS）、决策支持系统（Decision Support System，DSS）、企业资源计划（Enterprise Resource Planning，ERP）系统、客户关系管理（Customer Relationship Management，CRM）、供应链管理（Supply Chain Management，SCM）、知识管理（Knowledge Management，KM）等多个方面。

管理信息系统（MIS）是企业信息化管理的基础，通过MIS系统，企业可以实现对财务、人力资源、生产、销售等各项业务的集中管理和控制。决策支持系统（DSS）则为企业管理层提供决策支持，帮助企业在复杂的市场环境中作出科学合理的决策。企业资源计划管理（ERP）是企业信息化建设的核心，通过ERP系统，企业可以对内部资源进行统筹规划和管理，提高资源利用效率和运营效率。

客户关系管理（CRM）和供应链管理（SCM）则是企业信息化管理的重要组成部分，通过CRM系统，企业可以管理和维护客户关系，提高客户满意度和忠诚度；通过SCM系统，企业可以优化供应链管理，降低供应链成本，提高供应链效率。知识管理（KM）则是企业信息化管理中的创新领域，通过KM系统，企业可以对内部知识进行有效管理和利用，促进知识的共享和创新，提高企业的创新能力和竞争力。

4. 企业信息化资源的开发与利用

企业信息化资源的开发与利用是企业信息化建设的重要内容，涉及企业内外信息资源的利用、信息化人才队伍的培训、信息化标准和规范的建立等多个方面。通过信息化资源的开发与利用，企业可以提高信息资源的利用效率，为企业的发展提供信息支持。

企业内外信息资源的利用是信息化资源开发与利用的基础，企业通过收集、整理、分析内部和外部信息资源，可以为企业的战略决策、市场开发、产品研发等提供信息支持。同时，企业还需要重视信息化人才的培养，建立一支高素质的信息化人才队伍，为企业的信息化建设提供智力支持。

此外，企业还需要制定信息化标准和规范，确保信息化建设的规范化和标准化。通过建立信息化标准和规范，企业可以统一信息化建设的技术标准、操作流程、管理制度等，确保信息化建设的顺利推进和有效实施。

5. 企业信息资源的建设

企业信息资源的建设是企业信息化建设的重要内容，涉及信息技术资源的开发、信息内容资源的开发等多个方面。通过信息资源的建设，企业可以提高信息资源的质量和利用效率，为企业的发展提供信息支持。

信息技术资源的开发是信息资源建设的基础，通过引入先进的信息技术，如大数据、云计算、人工智能等，企业可以提高信息资源的处理能力和利用效率。信息内容资源的开发则是信息资源建设的重要内容，企业通过收集、整理、分析各种信息资源，可以形成丰富的信息内容，为企业的发展提供信息支持。

此外，企业还需要建立信息资源的管理机制，确保信息资源的安全性和可用性。通过建立信息资源的管理机制，企业可以对信息资源进行分类管理、权限管理、备份管理等，确保信息资源的有效利用和安全保护。

（二）企业信息的开放与保护

企业信息的开放与保护是企业信息管理中的重要环节。信息开放包括信息公开和信息共享，而信息保护则涉及专利保护、商标保护、知识产权保护等多个方面。通过信息开放与保护，企业可以实现信息资源的有效利用，同时保护企业的核心利益和竞争优势。

1. 信息公开的意义与范围

信息公开是企业信息开放的基础，指企业按照一定的使用权限，向上级主管部门、监督部门、社会公众、上下游企业、消费者、投资者等公开信息。信息公开不仅是企业履行社会责任的表现，也是企业树立良好公众形象的重要手段。

在企业信息管理中，信息公开的范围可以根据不同的对象和用途进行划分。对上级主管部门，企业需要定期报告经营状况、财务状况、生产状况等信息，以便上级部门进行监督管理。对监督部门，企业需要公开质量管理、环境保护、安全生产等方面的信息，接受监管。对社会公众，企业需要公开社会责任履行情况、企业文化、发展战略等信息，树立良好的社会形象。对上下游企业，企业需要公开供应链管理、合作项目、市场动态等信息，促进合作关系的稳定与发展。对消费者，企业需要公开产品质量、售后服务、客户权益等信息，增强消费者的信任度和满意度。对投资者，企业需要公开财务报表、经营业绩、发展前景等信息，吸引投资，增强投资者信心。

2. 信息共享的实现

信息共享是企业信息开放的深化，指企业内部各部门、员工之间以及与合作伙伴之间进行信息资源的共享。信息共享不仅能够提高信息的利用效率，还能够促进企业内部的协同工作，增强企业的整体竞争力。

在企业内部，信息共享可以通过建立统一的信息平台实现。通过信息平台，企业可以将各部门的业务数据、管理信息进行集中管理和共享，实现信息的无缝衔接和高效利用。例如，生产部门可以通过信息平台实时获取销售部门的订单信息，及时调整生产计划，避免生产过剩或短缺；财务部门可以通过信息平台实时监控资金流动情况，优化资金管理和调度。

在企业外部，信息共享可以通过与合作伙伴、供应商、客户之间建立的信息交流机制实现。通过信息共享，企业可以与合作伙伴进行数据交换、业务协作，提高供应链的响应速度和效率，增强市场竞争力。

3. 信息保护的手段

在信息开放的同时，企业也必须重视信息保护，防止企业核心信息的泄露和滥用。信息保护的手段包括专利保护、商标保护、知识产权保护、合同保护、公平竞争保护等多个方面。

专利保护是企业保护技术创新成果的重要手段，通过申请专利，企业可以获得法律保护，防止他人非法使用或抄袭企业的技术成果。商标保护是企业保护品牌形象的重要手段，通过注册商标，企业可以获得品牌专属权，防止他人冒用或侵权。知识产权保护是企业保护核心技术和商业秘密的重要手段，通过申请版权、商业秘密保护等方式，企业可以防止核心信息的泄露和非法使用。合同保护是企业保护商业合作关系的重要手段，通过签订合同，企业可以明确合作各方的权利和义务，防止合作纠纷和信息泄露。公平竞争保护是企业维护市场竞争秩序的重要手段，通过遵守市场竞争规则，企业可以防止不正当竞争行为的发生，维护市场公平和秩序。

（三）企业信息的开发与利用

企业信息的开发与利用是企业信息管理的核心内容，涉及信息资源类型的分类、信息开发的内容等多个方面。通过信息的开发与利用，企业可以将信息资源转化为实际的商业价值，提升企业的市场竞争力和经营效益。

1. 信息资源类型的分类

企业信息资源按照不同的类型可以分为记录型信息资源、实物型信息资源和智力型信息资源。记录型信息资源是指以文档、数据表、报告等形式记录的信息，如财务报表、市场分析报告、生产计划等。实物型信息资源是指以实物形式存在的信息，如设备参数、产品规格、物料清单等。智力型信息资源是指存储在人脑中的信息、知识和经验，这类信息往往需要通过人工开发和利用。

记录型信息资源是企业信息资源的基础，通过对这些信息的整理和分析，企业可以为管理决策提供支持。例如，企业可以通过分析财务报表，了解企业的财务状况，制定财务战略；通过分析市场报告，了解市场动态，制定市场营销策略。

实物型信息资源是企业生产管理的重要依据，通过对这些信息的管理，企业可以优化生产流程，提高生产效率。例如，企业可以通过管理物料清单，控制生产成本，减少浪费；通过管理设备参数，确保生产设备的正常运转，提高生产质量。

智力型信息资源是企业的核心竞争力，通过对这些信息的开发和利用，企业可以实现知识创新和技术突破。例如，企业可以通过培训和知识管理系统，将员工的知识和经验进行共享和传承，提高企业的创新能力和技术水平。

2. 信息开发的内容

企业信息的开发内容丰富多样，涵盖市场信息、科技信息、生产信息、销售信息、政策信息、金融信息、法律信息等多个方面。通过对这些信息的开发，企业可以为各项业务提供信息支持，提升企业的市场竞争力和经营效益。

市场信息是企业制定市场策略的基础，通过对市场信息的开发，企业可以了解市场需求、竞争对手、消费者行为等，为市场开发和产品设计提供支持。科技信息是企业技术创新的重要资源，通过对科技信息的开发，企业可以了解行业技术发展趋势、前沿技术动态等，为技术研发和创新提供支持。生产信息是企业生产管理的核心内容，通过对生产信息的开发，企业可以优化生产流程、控制生产成本、提高生产效率。销售信息是企业销售管理的重要依据，通过对销售信息的开发，企业可以了解市场销售情况、客户需求、销售渠道等，为销售计划和策略提供支持。政策信息是企业遵循法规和政策的重要保障，通过对政策信息的开发，企业可以了解国家政策法规、行业标准等，确保企业的合法合规经营。金融信息是企业财务管理的重要内容，通过对金融信息的开发，企业可以了解金融市场动态、资金流动情况、融资渠道等，为财务管理和投资决策提供支持。法律信息是企业风险管理的重要手段，通过对法律信息的开发，企业可以了解法律法规、合同条款、知识产权等，为企业的合规经营和法律保护提供支持。

通过对这些信息的开发，企业可以为各项业务提供信息支持，提升企业的市场竞争力和经营效益。同时，企业还可以通过信息的利用，将信息资源转化为实际的商业价值，为企业的发展提供持续动力。

四、企业信息管理系统的类型

企业信息管理系统通过处理、存储和传递信息，为企业的决策、运营和管理提供支持。根据企业信息管理系统的不同特性和应用需求，这些系统可以分为多种类型。以下将详细探讨企业信息管理系统的主要分类，并分析其在不同管理场景中的应用。

（一）按照信息处理所应用的技术分类

根据企业在信息处理过程中所采用的技术，信息管理系统可以分为人工操作系统、机械操作系统和计算机操作系统。

1. 人工操作系统

人工操作系统是最基本的信息管理系统类型，它依赖人力进行信息的收集、处理和传递。在人工操作系统中，信息的输入、分析、整理、输出等过程主要依赖人力劳动，通常通过手工记录、纸质文档、人工归档等方式进行。这种系统的优点在于灵活性较强，适应性较好，特别是在信息量较小、处理复杂度不高的情况下，人工操作系统能够满足企业的基本需求。然而，由于信息处理速度慢、易出错、管理效率低，人工操作系统难以应对现代企业日益增长的信息处理需求。

2. 机械操作系统

机械操作系统是在人工操作系统的基础上，通过机械设备对部分信息处理过程进行自动化的系统类型。早期的机械操作系统包括打字机、计算器、复印机等设备，它们在一定程度上减轻了人工操作的负担，提高了信息处理的效率。机械操作系统的出现标志着信息管理开始向自动化迈进。然而，机械操作系统仍然依赖人工操作和机械设备的组合，其处理能力和效率受到机械设备性能的限制，难以满足现代企业复杂的信息管理需求。

3. 计算机操作系统

计算机操作系统是现代企业信息管理的核心，借助计算机技术，信息管理实现了高度的自动化和智能化。在计算机操作系统中，信息的收集、处理、存储和传递均由计算机系统完成，极大地提高了信息管理的效率和准确性。计算机操作系统不仅能够处理大量复杂的数据，还能通过与网络技术结合，实现信息的实时传输和共享。

计算机操作系统的优势在于处理速度快、数据准确性高、存储容量大、功能强大，能够应对现代企业中复杂的信息处理需求。计算机操作系统广泛应用于企业的各个管理领域，如财务管理、人力资源管理、生产管理、供应链管理、客户关系管理等，是现代企业信息管理系统的主流形式。

（二）按照管理信息系统的功能分类

根据企业管理信息系统的功能划分，可以将企业信息管理系统分为单一功能的企业信息系统和综合功能的企业信息系统。

1. 单一功能的企业信息系统

单一功能的企业信息系统是指专门针对某一特定管理功能设计的信息管理系统。此类系统通常功能集中、设计简单，专门用于解决特定领域的信息管理问题。例如，企业的人力资源管理系统（Human Resources Management System，HRMS）主要用于处理员工信息、薪酬管理、招聘流程等，财务管理系统（Financial Management System，FMS）则专注于处理财务报表、资金流动、预算管理等财务相关的信息。

单一功能的信息系统的优点在于其针对性强，能够满足企业在某一特定管理领域的深度信息处理需求。由于功能相对简单，系统的实施和维护成本较低，操作难度也相对较小。然而，单一功能的信息系统往往存在“信息孤岛”现象，即各个系统之间难以实现数据共享和信息整合，这在一定程度上限制了企业整体信息管理的效率。

2. 综合功能的企业信息系统

综合功能的企业信息系统是指集成了多种管理功能的信息管理系统，能够覆盖企业管理的多个方面。此类系统通常采用模块化设计，每个模块对应企业的不同管理功能，如财务、生产、销售、采购、库存、人力资源等。综合功能的信息系统通过模块间的数据共享和协同工作，实现企业整体信息管理的一体化。

企业资源计划系统（ERP）是综合功能的信息系统的典型代表，它整合了企业的财务管理、人力资源管理、生产管理、供应链管理等功能，通过统一的数据平台，实现企业各部门的信息共享和业务协同。综合功能的信息系统的优势在于能够提高企业信息管理的整体效率，避免“信息孤岛”现象的产生，支持企业进行全面的决策分析和管理优化。

然而，综合功能的信息系统的复杂性较高，实施成本和维护成本较大，对企业的技术水平和管理能力要求较高。在实施过程中，企业需要进行充分的前期规划和系统设计，确保系统能够与企业的实际需求相匹配，避免出现功能冗余或系统不适应的问题。

（三）按照系统对外界环境变化的适应度和灵敏度分类

根据企业信息管理系统对外界环境变化的适应度和灵敏度，可以将信息系统分为开放型信息系统和封闭型信息系统。

1. 开放型信息系统

开放型信息系统是指能够快速响应外界环境变化、适应市场动态变化的信息管理系统。此类系统与外部环境保持紧密联系，能够及时获取市场、客户、竞争对手、政策法规等外部信息，并将这些信息整合到企业的决策过程中。开放型信息系统具有较高的灵活性和适应性，能够帮助企业在快速变化的市场环境中保持竞争优势。

开放型信息系统的典型应用场景包括市场营销管理、供应链管理、客户关系管理等领域。在这些领域，市场和客户需求的变化往往具有不确定性，企业需要通过开放型信息系统，及时调整策略、优化资源配置、提高市场响应速度。开放型信息系统通过与外部环境的互动，帮助企业捕捉市场机会、规避风险，实现可持续发展。

2. 封闭型信息系统

封闭型信息系统是指主要面向企业内部信息管理，对外界环境变化适应度和灵敏度较低的信息管理系统。此类系统通常集中于处理企业内部的信息，如生产数据、财务数据、员工信息等，其主要功能是提高企业内部管理的效率和准确性。封闭型信息系统的特点是稳定性强、安全性高，适合用于企业内部的核心业务管理。

封闭型信息系统的典型应用场景包括企业的财务管理系统、人力资源管理系统、生产管理系统等。在这些领域，信息的保密性和准确性至关重要，企业需要通过封闭型信息系统，确保内部数据的安全性和完整性。尽管封闭型信息系统对外界环境的适应性较弱，但其在保障企业内部管理的稳定性和安全性方面具有重要作用。

（四）按照企业内部设置形式分类

根据企业内部设置形式的不同，企业信息管理系统可以分为职能型信息系统、综合型信息系统和系统型信息系统。

1. 职能型信息系统

职能型信息系统是按照企业的职能部门设置的信息管理系统，每个系统独立负责一个或多个职能部门的信息管理。此类系统通常与企业的组织结构紧密结合，各个职能部门根据各自的管理需求，开发和维护独立的信息系统。例如，企业的财务部门可以使用财务管理系统，人力资源部门可以使用人力资源管理系统，生产部门可以使用生产管理系统。

职能型信息系统的优点在于能够针对各职能部门的具体需求，提供定制化的信息管理解决方案。由于系统的功能和管理范围较为明确，职能型信息系统的开发和维护相对简单。然而，职能型信息系统的缺点在于各系统之间的独立性较强，信息共享和整合较为困难，容易产生“信息孤岛”现象，限制了企业整体信息管理的效率。

2. 综合型信息系统

综合型信息系统是指将多个职能部门的信息管理功能集成到一个统一平台上的信息系统。此类系统通过模块化设计，各职能部门共享统一的数据平台，实现信息的集中管理和跨部门协同工作。综合型信息系统通过消除职能部门之间的信息壁垒，提高企业信息管理的整体效率和决策能力。

企业资源计划系统（ERP）是综合型信息系统的典型代表，它将企业的财务管理、生产管理、人力资源管理、供应链管理等功能集成到一个统一的平台上，实现企业各部门的信息共享和协同工作。综合型信息系统的优点在于能够提高企业信息管理的整体效率，支持企业进行全面的决策分析和管理优化。然而，综合型信息系统的实施和维护成本较高，企业在系统实施过程中需要进行充分的规划和管理。

3. 系统型信息系统

系统型信息系统是指以企业整体为出发点，构建一个全面的信息管理系统，涵盖企业的各个管理层次和业务流程。此类系统通常通过系统集成的方式，将企业的各个职能部门、各个业务流程、各个管理层次的信息管理功能整合到一个完整的系统中，实现企业的信息管理一体化。

系统型信息系统的优点在于能够为企业提供全方位的信息支持，帮助企业实现战略规划、经营管理、业务运营的全面协调和优化。通过系统型信息系统，企业可以实现信息的全局掌控，提高管理决策的科学性和准确性。系统型信息系统的应用范围广泛，适用于大型企业和跨国公司，其实施和维护成本较高，但对企业整体信息管理的效益提升具有重要作用。

五、企业信息管理的层次

企业信息管理与企业整体管理体系密切相关，可以划分为高层战略管理、中层管理和基层管理三个层次。这三个层次相互联系、层层递进，共同构成了企业信息管理的整体架构。各层次在信息管理过程中扮演着不同的角色，承担着不同的职能，最终实现信息的高效利用和企业管理的优化。下面将详细探讨企业信息管理的各个层次及其具体内容。

（一）高层战略管理

高层战略管理是企业信息管理的最高层次，主要涉及企业整体信息资源的把握和控制。在这一层次，企业管理者需要从全局出发，制订信息管理的战略规划，确保信息资源的配置与企业战略目标相一致。高层战略管理不仅关注信息管理系统的整体架构设计，还注重信息资源的战略性应用和企业信息管理的长远发展。

1. 战略规划与信息资源配置

在高层战略管理中，企业的决策者需要制订全面的信息管理战略规划。这一规划不仅要考虑当前的信息管理需求，还要预见未来可能出现的变化和挑战。通过战略规划，企业能够明确信息管理的目标、方向和重点，从而有效配置信息资源，支持企业的整体战略目标。

信息资源配置是高层战略管理中的关键任务。企业的高层管理者需要统筹安排信息技术资源、资金资源和人力资源，确保信息管理系统的建设和维护能够顺利进行。同时，信息资源的配置还需要考虑企业的各个业务领域和部门之间的协调与平衡，避免资源浪费和“信息孤岛”现象的产生。

2. 信息管理系统的整体设计

高层战略管理包括企业信息管理系统的整体设计。企业的信息管理系统是一个复杂的有机体，涉及多个业务模块和管理功能的集成与协调。在这一层次，企业的高层管理者需要对信息系统的架构进行顶层设计，确保系统能够支持企业的战略目标和业务需求。

信息系统的整体设计包括对系统架构的选择、信息流的规划、数据管理策略的制定等。企业管理者需要根据企业的实际情况，选择合适的信息系统架构，如集中式架构、分布式架构或混合式架构。同时，还需要规划信息流的方向和路径，确保信息在企业内部和外部的顺畅流动。数据管理策略的制定则包括数据采集、存储、处理、分析、传递等环节的规范和标准，确保信息管理的科学性和有效性。

3. 信息管理的战略性应用

高层战略管理涉及信息资源的战略性应用。信息资源是企业的重要资产，通过战略性应用，企业可以将信息资源转化为竞争优势，支持企业的市场拓展、产品创新和管理优化。在这一层次，企业的高层管理者需要考虑如何利用信息资源进行战略决策支持、市场预测、风险管理等。

战略性应用还包括对外部信息的有效利用。企业可以通过信息管理系统，获取和分析市场信息、竞争对手信息、客户需求信息等，为企业的战略决策提供数据支持。同时，企业还可以通过信息管理系统，实现对内部信息资源的深度挖掘和创新应用，提高企业的管理水平和市场竞争力。

（二）中层管理

中层管理是企业信息管理的中间层次，主要负责对企业业务活动信息的具体设计、组织和协调。在这一层次，中层管理者需要确保各项业务活动的信息管理能够有效开展，支持企业的日常运营和管理。中层管理在信息管理过程中起到承上启下的作用，既要执行高层战略管理的决策，也要指导基层管理的具体操作。

1. 业务活动的信息管理设计

在中层管理中，管理者需要对企业的各项业务活动进行详细的信息管理设计。这包括对业务流程的信息化改造、业务数据的采集和处理、业务信息的传递和共享等。通过合理的信息管理设计，企业可以实现业务活动的高效运作，减少信息处理的时间和成本，提高业务管理的精度和效率。

信息管理设计还包括对业务活动中的关键数据点的识别和管理。这些数据点往往涉及业务活动的核心环节，如销售订单、生产计划、库存管理、客户服务等。中层管理者需要制定数据采集、存储、分析和报告的标准和流程，确保业务活动中的信息能够得到充分的利用，为企业的经营管理提供支持。

2. 组织协调与信息流管理

中层管理的另一项重要任务是组织协调和信息流管理。在企业的日常运营中，各个业务部门和管理层次之间的协同工作至关重要。中层管理者需要通过信息管理系统，实现各部门之间的信息共享和数据交换，避免“信息孤岛”现象的产生，确保企业运营的整体性和协调性。

信息流管理是中层管理中的关键环节。企业的信息流不仅包括内部信息的传递，还包括外部信息的获取和处理。中层管理者需要规划信息流的方向和路径，确保信息能够在合适的时间到达合适的部门和人员。同时，信息流管理还需要考虑信息的保密性和安全性，确保敏感信息在传递过程中的安全性和完整性。

3. 业务活动的有效开展

中层管理的最终目标是确保各项业务活动能够有效开展。通过科学的信息管理设计和组织协调，中层管理者可以优化业务流程，提升业务活动的效率和质量。例如，在生产管理中，中层管理者可以通过信息系统，实现生产计划的自动生成和调整，确保生产资源的合理配置和高效利用。在销售管理中，中层管理者可以通过信息系统，实时跟踪销售订单的执行情况，及时调整销售策略，提高销售业绩。

业务活动的有效开展还需要中层管理者对业务数据进行深入分析和利用。通过对业务数据的分析，中层管理者可以发现业务活动中的问题和改进点，提出优化建议，提高企业的运营水平。同时，业务数据的分析还可以为企业的战略决策提供支持，帮助企业在复杂的市场环境中作出科学的决策。

（三）基层管理

基层管理是企业信息管理的最基本层次，主要负责对业务处理过程中的信息进行管理。在这一层次，基层管理者和操作人员需要确保信息的采集、输入、处理、存储等工作能够顺利进行，为中层管理和高层战略管理提供准确、及时的信息支持。基层管理是企业信息管理的基础，决定了信息管理的整体质量和效率。关于信息的采集、输入、处理、存储等工作在前文中已有论述，在此便不再多做赘述。

第二节　大数据与企业信息管理

一、大数据应用于企业信息管理的现实意义

大数据已经成为继云计算和移动互联网应用之后，对互联网信息化管理有直接影响的综合性应用技术之一。大数据技术应用于企业信息管理更有其现实意义。

（一）提升了信息管理的效率

大数据的应用能够切实、有效地提高信息管理的效率。通过对数据的广泛收集和高效分析，数据掌握者能够更快速地实现信息检索和分析汇总工作，使信息管理工作处于持续的良好状态下，避免信息数据的人为流失，改善信息数据管理的实际模式。

（二）体现信息管理的科学性

大数据技术能够使信息的分类管理和分步管理更加有序和科学。大数据技术将数据片段整合为整体，进而能够实现分类管理，使不同属性的信息能够整合成为一个集合，继而根据相应的信息特点和特质实现有针对性的管理，使企业信息管理的科学性更加突出。同时，大数据技术的运用也可以使信息管理的流程化更加有序，实现分步的信息管理，使信息规范性更强。

（三）体现信息管理的人性化

大数据能够根据不同的信息管理和使用习惯，体现出信息应用的人性化。在实际的信息管理过程中，信息管理者所遵循的基本管理规则和事项就会成为大数据技术平台的基本规范，进而提升信息管理的实效性，满足信息高效利用的需要。同时，大数据技术平台能够实现可视化操作，降低信息管理劳动量，增强信息操作的专业性。

二、大数据时代的企业信息管理现状

随着信息技术的快速发展和数据信息的不断膨胀，企业的信息管理不仅影响着当前的运营效率，更对企业的未来发展起着至关重要的作用。信息管理的质量直接关系到企业的生存与竞争力。现代企业在运营管理过程中，必须重视并不断完善信息管理工作，这已经成为企业实现可持续发展的一项紧迫任务。

（一）可视化的企业信息需求

随着计算机网络技术的快速发展，数据信息已成为企业运营的关键要素之一，其重要性与企业的人力资源、制度等同。信息可视化的需求应运而生，成为企业信息管理的重要研究课题之一。在大数据环境下，企业不仅需要获取、储存、搜索和共享信息，更需要通过数据分析，将复杂的数据以直观的形式呈现出来，为企业的决策和管理提供支持。

信息可视化不仅是将数据转化为图形、图表，还包括对数据的深度挖掘和分析，以发现数据背后隐藏的趋势和规律。例如，企业可以通过可视化技术，将海量的市场数据、客户行为数据转化为直观的图形，帮助管理者快速理解和分析市场动态，从而作出更加科学的决策。这种基于大数据分析的决策模式，极大地提升了企业的市场预测能力和竞争力。

在现代企业中，信息可视化不仅提高了数据的利用效率，还增强了管理的科学性和透明度。通过将复杂的数据转化为直观的信息图表，企业管理者可以更清晰地把握企业的运营状况和市场变化，从而优化资源配置，提高运营效率。信息可视化已经成为企业信息管理中不可或缺的一部分，是现代企业提高决策效率和管理水平的重要工具。

（二）企业信息依赖性

随着大数据技术的深入发展，企业对信息的依赖性日益增强。大数据不仅是信息通信技术发展的自然结果，更是在信息化社会中，企业实现智能化管理和运营的基础。大数据时代的到来，使得企业在各个管理环节中，都越来越依赖数据驱动的决策和管理方式，而不再仅仅依靠传统的经验和直觉。

信息感知和采集终端的普及，使得企业能够实时获取海量的数据，这些数据覆盖了企业运营的方方面面，如市场动态、客户行为、生产流程、供应链管理等。以云计算为代表的先进计算技术，为企业提供了强大的数据处理能力，使得这些数据能够被迅速分析和应用，从而支持企业的战略决策和运营管理。

大数据对企业的影响不再局限于技术层面，更为重要的是，它为企业提供了一种全新的决策方法。通过对数据的深入分析，企业能够更准确地把握市场趋势和客户需求，从而作出更加科学的决策。例如，在市场营销中，企业可以通过分析客户的购买行为和偏好，制定个性化的营销策略，提高营销效果和客户满意度。在生产管理中，企业可以通过数据分析，优化生产流程，降低成本，提高生产效率。

随着企业信息依赖性的增强，数据分析和应用已经成为企业竞争力的重要来源。企业不仅需要积累和处理大量的数据，还需要培养数据分析能力，将数据转化为决策支持的有力工具。在这一过程中，企业的信息管理能力直接关系到其市场地位和竞争优势。企业信息管理现状表明，大数据正在重塑企业的管理模式，使得企业在信息化社会中能够更加灵活和高效地应对市场变化和竞争压力。

（三）企业数据影响

随着社会的发展和计算机网络技术的飞速进步，大数据的影响已经超越了信息通信产业，正在深刻影响并重构许多传统行业。在现代企业中，数据已经成为一种核心资产，广泛应用于管理和运营的各个环节，成为推动企业创新和发展的关键驱动力。

数据分析技术的广泛应用，使得企业能够更加精准地进行市场定位、资源配置和运营优化。例如，在餐饮业中，像麦当劳这样的大型连锁企业，通过数据分析技术，选择最优的店铺位置，从而最大化地吸引客户，提高销售业绩。在零售业中，数据分析技术的应用更为广泛和深入，传统零售巨头如沃尔玛，通过数据挖掘技术，优化供应链管理，实现了库存管理的精细化和供应链的高效运作。知名的电商企业如京东、淘宝等，依托大数据技术，通过对海量用户数据的分析，为用户提供个性化的产品推荐和服务体验。这种基于数据分析的商业模式，使得电商企业能够更加准确地把握消费者的需求，快速响应市场变化，从而在激烈的市场竞争中占据有利地位。

大数据正在改变企业的商业模式，使得企业能够更加智能地进行决策和管理。通过数据分析，企业不仅能够提升运营效率，还能够发现新的商业机会，推动产品创新和市场扩展。在这一过程中，企业的信息管理能力成为关键，直接影响到企业能否在大数据时代实现可持续发展。

大数据的影响不仅体现在企业内部管理上，还对整个行业和市场环境产生了深远的影响。随着大数据技术的普及，越来越多的企业开始意识到数据的重要性，数据驱动的决策和管理模式正在成为主流。那些能够充分利用数据的企业，将在未来的市场竞争中占据主动，获得更大的市场份额和更高的利润空间。

总的来说，企业信息管理现状显示，在大数据时代，企业的竞争力越来越依赖其数据管理和应用能力。现代企业必须加强信息管理，提升数据分析能力，将数据转化为实际的商业价值，才能在激烈的市场竞争中立于不败之地。随着信息技术的不断发展，企业信息管理的重要性将日益凸显，成为企业实现创新发展和可持续发展的关键要素。

三、大数据时代企业信息管理面临的主要问题

信息的收集、汇总、分析、处理、存储、利用和共享构成了信息管理的基本流程。尽管大数据技术已经深入应用于这些流程中，但信息管理的基本程序并未发生根本性的变化。然而，大数据的特性，如海量、多样性、复杂性等，使得信息管理面临着前所未有的挑战。特别是在数据收集与汇总、数据分析和数据解析管理等关键环节，传统的信息管理方式难以应对大数据时代带来的新问题。下面将探讨大数据时代企业信息管理所面临的主要问题。

（一）数据收集与汇总工作更加复杂

在大数据环境下，数据的多样性和来源的广泛性使得数据收集与汇总工作变得更加复杂。与传统信息管理相比，大数据时代的信息来源不再局限于结构化的内部数据，还包括来自社交媒体、传感器网络、互联网日志、视频监控等多种异构数据源。这些数据不仅在格式和结构上各异，而且数据量庞大、实时性要求高，给数据收集和汇总工作带来了极大的挑战。

1. 数据的多样性

大数据的一个显著特点就是数据的多样性。数据的多样性体现在数据格式、数据来源、数据类型等多个方面。例如，结构化数据包括传统的数据库信息，如销售记录、客户资料等；而非结构化数据则包括文本、图像、视频、音频等。这些数据需要通过不同的技术手段进行采集和处理，如何有效地整合这些异构数据，成为信息管理中的一大难题。

此外，数据的来源也更加复杂。现代企业不仅需要处理内部生成的数据，还需要从外部收集大量的市场信息、社交媒体数据、行业动态等。这些数据来源的广泛性使得数据收集工作更加复杂化。企业需要建立完善的数据收集系统，能够实时、准确地采集各类数据，并将其汇总到统一的平台进行管理。

2. 数据的实时性要求

大数据时代，数据的实时性要求越来越高。随着企业对市场变化的反应速度要求不断提升，数据的实时收集和汇总变得至关重要。例如，在金融行业，实时的市场数据、交易记录等对投资决策有着直接的影响。因此，企业必须具备实时

采集和处理数据的能力，以便在瞬息万变的市场中保持竞争优势。

然而，实时数据的收集和汇总对技术和管理提出了更高的要求。企业需要建立高效的数据采集网络，能够在数据生成的瞬间将其捕获并传输到中央数据仓库。同时，数据汇总的过程也必须足够快速，能够在最短的时间内将分散的数据整合成有价值的信息。

（二）数据分析面临新挑战

在信息管理中，数据分析一直是最核心的环节之一。大数据的真正价值在于能够通过有效的数据分析，揭示数据背后的规律和趋势，为决策提供支持。然而，大数据环境下，数据分析的复杂性和挑战性大幅增加，传统的数据分析方法和工具难以满足大数据分析的需求。

1. 数据分析的复杂性增加

随着数据规模的扩大和数据类型的多样化，数据分析的复杂性显著增加。在传统的信息管理中，数据分析通常只需处理结构化数据，且数据量相对有限，分析的维度和方法较为单一。而在大数据时代，数据分析需要处理来自多个异构数据源的大量数据，这些数据不仅在结构上不同，也包含了丰富的维度和复杂的关联关系。

例如，在客户行为分析中，企业不仅需要分析客户的购买记录，还需要结合社交媒体上的评论、浏览历史、地理位置等多维数据，才能全面了解客户的需求和偏好。这种复杂的数据分析过程需要更加先进的分析方法和工具，传统的分析模式难以应对这种高复杂度的数据处理需求。

2. 数据分析方法的多样化

大数据时代的数据分析不仅涉及数据量的增加，还涉及分析方法的多样化。传统的统计分析方法在处理大规模、非结构化数据时往往显得力不从心。为应对这一挑战，数据分析领域出现了许多新的方法和工具，如机器学习、数据挖掘、自然语言处理等。这些方法能够自动从大量数据中挖掘出隐藏的模式和趋势，帮助企业进行更深层次的分析。

然而，这些新方法的应用也带来了新的挑战。首先，数据分析人员需要具备较高的技术水平，能够熟练掌握和应用这些复杂的分析工具。其次，不同的分析方法适用于不同类型的数据和分析需求，如何选择合适的分析方法也是一大难题。最后，数据分析的结果往往具有一定的复杂性，如何将这些复杂的分析结果转化为易于理解和应用的商业决策，也是企业面临的挑战之一。

（三）数据解析和管理呈现多元化

数据解析和管理是大数据技术的核心内容，在整个数据管理流程中占据重要地位。随着数据类型和数据量的不断增加，数据解析和管理的复杂性也在逐步提升。大数据时代，信息管理在数据解析和管理方面必须应对多元化的需求，提高管理水平和信息质量。

1. 数据解析的复杂性

在大数据环境下，数据解析的过程变得更加复杂和多样化。数据解析不仅涉及对结构化数据的处理，还包括对非结构化和半结构化数据的解析。不同类型的数据往往需要不同的解析方法和技术。例如，文本数据的解析需要自然语言处理技术，图像和视频数据的解析则需要计算机视觉技术。如何高效地解析这些多样化的数据，是大数据时代信息管理的一大挑战。

此外，数据解析的复杂性还体现在数据关联性和上下文的理解上。在大数据分析中，数据往往不是孤立存在的，而是与其他数据有着复杂的关联关系。如何在解析过程中正确理解这些关联关系，并在数据分析中加以利用，成为数据解析中的重要任务。比如，在社交网络分析中，用户之间的关系网络和互动行为是数据解析的关键内容，正确解析这些关系有助于更好地理解用户行为和社交动态。

2. 数据管理的多元化需求

随着数据量的增加和数据类型的多样化，数据管理的需求也日益多元化。企业不仅需要对大量的数据进行高效的存储和管理，还需要根据不同的业务需求，对数据进行分类、过滤和优化存储。传统的数据库管理系统难以应对大数据时代的数据管理需求，新兴的大数据技术如Hadoop、NoSQL数据库等，成为数据管理的重要工具。

数据管理的多元化还体现在数据的安全性和隐私保护上。随着数据价值的提升，数据安全问题变得越来越重要。企业需要建立健全数据安全管理机制，防止数据泄露和非法访问。此外，随着全球数据保护法规的日益严格，如《通用数据保护条例》的实施，企业在数据管理中还需要遵守相关法律法规，确保数据处理过程的合规性。

数据管理的多元化要求企业在数据架构设计、存储策略制定、数据安全管理等方面进行全面的规划和优化，确保数据在整个生命周期内得到高效、安全的管理。

四、大数据时代企业信息资源管理的难点

在现代企业管理中，信息资源管理已经成为一个至关重要的领域，尤其是在大数据时代，企业面临的信息资源管理难点愈加突出。信息资源的复杂性、多样性和庞大规模对企业的信息化建设和管理提出了巨大挑战。下面将深入探讨企业信息资源管理的主要难点，分析这些难点对企业管理所带来的影响。

（一）结构复杂多样，统一标准规范难

大数据的一个显著特点就是其结构的复杂多样性，这给企业建立统一的标准和规范带来了极大的困难。在企业的信息资源中，既包括结构化数据，如数据库记录、财务报表等，也包括非结构化数据，如电子邮件、社交媒体内容、图像和视频等。这些数据形式多样、来源广泛，难以按照统一的标准进行管理。

标准化和规范化的信息资源管理是企业信息化建设的重要目标，但也是极具挑战性的任务。不同的数据类型和数据格式之间的差异，使得信息资源的整合变得复杂且烦琐。企业在尝试对这些多样化的数据进行标准化处理时，往往面临着技术上的障碍和管理上的难题。由于缺乏统一的标准和规范，企业的信息资源常常处于无序状态，这不仅影响了信息的有效利用，还增加了信息管理的成本和复杂性。

（二）动态性与交互性并存，实时精准管控难

互联网已经成为企业信息资源的重要组成部分，其信息的动态性和交互性使得信息管理的难度大幅增加。互联网信息具有高度的自由度和随意性，这使得信息的变化非常迅速。与此同时，网络信息的交互性特点，使得企业与用户之间的信息交流更加频繁和复杂。

互联网为企业与用户之间搭建了沟通的桥梁，使得信息的双向流动成为可能。用户通过互联网与企业互动，反馈意见、表达需求，而企业则根据这些信息调整产品和服务。然而，这种信息流动的动态性和交互性，增加了企业对信息资

源的实时精准管控难度。企业不仅需要及时获取和处理这些动态变化的信息，还需要在信息传递过程中确保信息的准确性和安全性。

随着信息的动态性和交互性不断增强，企业面临的信息管理挑战也在加剧。实时精准地控制和管理这些信息资源，成为企业提升信息资源管理能力的重要课题。

（三）数据量庞大且内容多样，深层价值挖掘难

在大数据时代，企业面临的数据量呈爆炸式增长，信息资源的庞大数量和多样化内容使深层次的价值挖掘变得异常困难。企业在日常运营中，既要处理来自外部的客户数据、合作伙伴数据，还要管理内部生产、研发、综合办公等活动所产生的大量数据。这些数据以PB级甚至EB级的规模存在，如何从中找到有价值的信息，成为企业信息资源管理的核心难点之一。

我国的数字信息量的爆炸式增长，使得企业在信息资源管理中，面临着“大海捞针”一样的困境。随着数据量的不断增加，企业利用信息驱动决策的成本和复杂性也在不断上升。传统的数据处理和分析方法，已经难以应对大数据带来的挑战，企业亟须新的技术手段和分析工具，以提升信息资源的挖掘能力。

在这种情况下，如何从海量数据中快速、准确地提取有价值的信息，并将其应用于企业决策和运营，成为企业信息资源管理的关键任务。

（四）管理体系与技术发展不对称

在信息资源管理中，企业传统的粗放式管理方法已经难以适应大数据时代的要求。大多数企业缺乏有效的方法、手段和机制来管理和整合信息资源，导致信息资源的提取、集成和分析效率低下，整合度极低。信息资源管理的核心目标是确保信息资源的有效利用，以支持企业的正确决策。然而，企业信息资源管理体系与信息技术的发展存在明显的不对称性，阻碍了信息资源的有效利用。

传统的信息资源管理体系往往以静态的方式管理数据，而大数据时代的信息资源管理需要动态、实时的处理能力。企业在面对复杂多变的信息环境时，传统的管理体系往往无法及时调整和响应，这就导致了信息资源的低效利用和管理成本的增加。

（五）信息资源管理缺乏数据治理体系化建设

数据治理是一个相对较新的概念，但在大数据、云计算、移动互联网等新一代信息技术快速发展的背景下，企业亟须构建系统化的数据治理体系，以确保数据的高可信度和有效利用。然而，目前国内大多数企业在数据治理方面还处于初级阶段，仅限于进行简单的数据质量检查、数据归档和数据安全管理，缺乏系统化的治理框架和方法论。

数据治理的核心在于将数据作为企业的核心资产进行管理和运作，确保数据在整个生命周期内的质量、完整性和安全性。然而，很多企业对大数据的认知还停留在表面，尚未形成数据治理的整体思路和实践，这导致了信息资源的有效利用率偏低，数据的潜在价值未能得到充分挖掘。

五、大数据时代企业信息管理的应对策略

在大数据的广泛应用背景下，企业信息管理面临着前所未有的挑战和机遇。在这一复杂环境中要保持高效的信息管理水平，企业必须围绕大数据时代的特征，不断创新和优化信息管理策略。通过树立大数据意识、完善大数据分析应用、强化信息安全管理，企业可以在信息管理中实现更加精细化和高效的运作，从而增强企业的整体竞争力。

（一）树立大数据意识

在大数据时代，树立大数据意识是优化信息管理规则、提升信息管理水平的首要任务。大数据的迅猛发展带来了海量的数据增长，企业必须意识到这一趋势，并调整信息管理思维和方式，以适应大数据时代的新要求。

1. 海量信息意识

随着互联网、物联网等技术的普及，数据信息的种类和数量呈现出几何倍数的增长。这种海量信息的爆发式增长，要求企业在信息管理中树立强烈的海量信息意识。传统的信息管理方法和工具已经难以应对如此庞大的数据规模，企业必须认识到，信息管理不再只是处理有限的数据，而是要在海量数据中进行筛选、整合和利用。

海量信息意识还要求企业在信息管理中更加注重数据的广泛性和多样性。不仅要处理结构化的数据，还要能够有效管理非结构化和半结构化数据，如社交媒体内容、视频、音频等。这些多样化的数据形式需要不同的处理方法和工具，企业必须不断更新和优化信息管理技术，以适应数据种类的多样化。

2. 信息规则管理意识

在大数据环境下，数据的持续增长和信息管理的复杂性要求企业在管理中树立强烈的信息规则管理意识。信息规则管理包括数据收集、处理、存储、共享等各个环节的规范化管理。企业需要制定清晰的信息管理规则，确保数据处理的每个环节都有章可循，避免信息的无序管理和不必要的资源浪费。

信息规则管理意识还要求企业在信息管理中注重合规性。随着数据隐私和信息安全问题的日益突出，企业在信息管理中必须严格遵守相关法律法规，确保数据处理的合规性。通过建立完善的信息管理规则，企业可以在数据处理的各个环节中保持高效和安全的管理，提高信息资源的利用效率和价值。

3. 调整信息管理思维

随着大数据技术的不断应用，信息管理思维也需要进行相应的调整。传统的信息管理思维通常以数据处理和存储为核心，而在大数据时代，信息管理思维需要更加注重数据的分析和应用。企业必须认识到，数据的价值不在于其数量，而在于通过数据分析获得的洞察力和决策支持。

信息管理思维的调整还包括对信息管理流程的优化。在大数据环境下，信息管理的流程不再是线性的，而是动态的、循环的。企业需要不断监控和优化信息管理流程，确保数据的处理和应用能够适应快速变化的市场需求和技术环境。通过调整信息管理思维，企业可以更好地利用大数据技术，实现信息管理的创新和突破。

（二）完善大数据的分析应用

大数据技术的应用为信息管理带来了新的机遇和挑战。通过完善大数据的分析应用，企业可以提升信息管理的针对性和科学性，从而实现更加精准的决策支持和资源配置。

1. 数据收集与存储的优化

大数据时代的信息管理依托于数据的收集和存储。在这一过程中，企业需要采用先进的数据收集技术，确保数据的全面性和准确性。例如，企业可以通过物联网设备、传感器、社交媒体监测工具等多种渠道实时收集数据，从而获得更加丰富和多样化的信息源。

数据存储的优化也是完善大数据分析应用的重要环节。大数据环境下，传统的数据库技术已经难以应对庞大的数据存储需求，企业需要引入分布式存储、云存储等新型存储技术，以确保数据的安全性和可用性。通过优化数据收集和存储，企业可以为后续的数据分析和应用奠定坚实的基础。

2. 数据分析的科学性与时效性

数据分析是信息管理的核心环节，其科学性和时效性直接影响信息管理的质量和效果。在大数据时代，企业需要采用先进的数据分析技术，如机器学习、数据挖掘、自然语言处理等，确保数据分析的科学性和准确性。这些技术能够帮助企业从海量数据中挖掘出有价值的信息，为企业的战略决策提供支持。

数据分析的时效性也是企业需要关注的重要问题。在快速变化的市场环境中，数据的时效性决定了企业决策的及时性和有效性。企业需要建立实时数据分析系统，能够快速处理和分析最新的数据，确保决策的及时性和准确性。通过提升数据分析的科学性和时效性，企业可以更好地把握市场动态，优化资源配置，实现更高效的信息管理。

3. 数据应用的灵活性与高效性

完善大数据分析应用的另一个重要方面是提升数据应用的灵活性和高效性。大数据时代的信息管理不再是单一的、静态的数据处理过程，而是一个动态的、灵活的数据应用过程。企业需要根据不同的业务需求，灵活应用不同的数据分析方法和工具，以实现数据的最大化利用。

数据应用的高效性要求企业在数据管理过程中注重流程优化和工具创新。通过引入自动化数据处理工具、智能决策支持系统等，企业可以大幅提高数据应用的效率，减少人为干预和错误率。通过提升数据应用的灵活性和高效性，企业可以更好地适应市场变化，提升信息管理的整体效能。

（三）注重数据信息管理安全性

在大数据时代，信息安全问题日益突出，数据信息的安全管理成为企业信息管理中的关键环节。随着数据获取和传输渠道的增多，信息管理工作的便捷性得到了显著提升，但同时也带来了信息泄露和数据安全的风险。因此，建立符合大数据规则的信息管理安全体系，确保数据的安全性和稳定性，是企业信息管理中的重要任务。

1. 数据获取与传输的安全保障

随着互联网信息化的发展，数据获取和传输的渠道越来越多，但这也为数据安全带来了新的挑战。在信息管理中，企业必须重视数据获取和传输过程中的安全性，防止数据在采集和传输过程中被窃取、篡改或泄露。企业可以通过加密技术、访问控制、防火墙等安全措施，确保数据在传输过程中的安全性。

此外，企业还需要建立健全数据访问管理机制，确保只有经过授权的人员才能访问和处理敏感数据。通过严格的数据访问控制，企业可以有效防止数据泄露和滥用，保护企业的核心信息资产。

2. 数据存储与管理的安全防护

数据存储是信息管理中的重要环节，数据的安全存储直接关系信息管理的整体安全性。在大数据环境下，企业需要采用先进的数据存储技术，如分布式存储、云存储等，确保数据的安全性和可靠性。同时，企业还需要定期进行数据备份，以防止数据丢失或损坏。

数据管理的安全防护还包括对数据的分类管理。企业应根据数据的敏感程度和重要性，制定不同的数据管理策略，确保高敏感度数据得到更严格的保护。通过加强数据存储与管理的安全防护，企业可以有效提升信息管理的安全性和稳定性，防止数据泄露和安全事故的发生。

3. 信息安全体系的建设与优化

在大数据时代，信息安全体系的建设与优化是企业信息管理中的重要任务。企业需要建立完善的信息安全管理体系，包括数据安全管理制度、安全技术措施、安全应急预案等，确保信息管理的全流程安全。

信息安全体系的建设不仅包括技术层面的防护措施，还包括管理层面的制度保障。企业需要定期对信息安全管理体系进行审查和优化，确保信息管理的安全措施能够应对不断变化的安全威胁。同时，企业还应加强员工的信息安全意识培训，提升全员的信息安全素养，防止人为因素导致的信息安全问题。

通过建立和优化信息安全体系，企业可以有效提升信息管理的安全性，确保在大数据时代的信息管理工作能够安全、稳定、高效地开展。

第三节　现代企业信息管理的创新

全球经济一体化、现代信息技术的快速发展、知识管理的兴起，对企业的信息管理产生了重要影响，不仅丰富了企业信息管理的内容，而且对企业的信息管理流程、信息组织、信息制度、信息文化、信息人才、信息资源、信息处理技术、信息管理模式和信息系统等方面提出了全新的要求。因此，适应时代的需要，对企业信息管理进行创新，已经成为现代企业提高信息管理水平、优化信息资源配置、提升竞争力最重要的途径。

一、企业信息管理创新的基本原则

企业信息管理创新是指在统一的目标指导下，依据管理创新和信息（资源）管理的相关理论和思想，对企业现有的信息管理流程进行再造、信息组织结构进行重组、信息制度进行创新、信息文化进行重塑、信息人才进行培养、信息管理模式进行变革、信息系统进行重构和信息技术进行革新的过程。企业信息管理创新应遵循以下基本原则。

（一）要把提高信息管理效率、优化信息过程作为追求的主要目标

提高信息管理效率，优化信息过程和信息资源配置，不仅是企业信息管理创新的主要目标，而且是企业管理追求的目标。因此，在企业信息管理创新方案的设计中，必须围绕着提升信息管理效率的目标来进行。同时，企业信息管理创新必须注重绩效的评价，并要把是否提高信息管理效率作为信息管理创新绩效评价最重要的依据。从信息管理过程来看，必须有利于企业信息资源的收集、分析加工、存储和快速传递，具有较好的信息反馈机制，有利于企业网络化信息管理，有利于企业管理信息价值的及时实现。

（二）最大限度地满足企业的信息需求

企业信息管理创新是为了最大限度地满足企业各个管理层次、各个业务部门的信息需求，尤其是企业战略决策和创新的信息需求。因此，现代企业信息管理创新必须把满足企业的信息需求作为出发点和最终归宿。一方面，信息管理创新方案的设计要以企业的信息需求为基础；另一方面，信息管理创新方案优劣最基本的评价标准就是要看能否满足企业的信息需求。

（三）充分利用现代信息技术

现代信息技术和企业信息管理创新之间是一种互动的关系，一方面，现代信息技术的发展促进了企业信息管理创新，为现代企业信息管理创新提供了良好的环境和条件；另一方面，信息管理创新的实施进一步推进信息技术，尤其是企业信息技术（如企业信息系统等）的发展和优化。现代信息技术是企业信息管理创新最重要的支撑工具。信息组织重组、信息管理流程再造、信息管理模式变革、信息系统重构等信息管理创新过程，都离不开先进的现代信息技术，因此，在企业信息管理创新过程中，必须充分地利用现代信息技术，同时又要构建支撑企业信息管理的信息化平台。

（四）要体现先进性和环境适应性

企业信息管理创新方案的设计，必须充分体现时代的特征，要融合管理创新和信息管理的最新理论、思想和方法，确保方案的先进性。同时，由于现代信息技术的快速发展，企业的内外部环境变化也比较快，新的管理理念和思想不断涌现，因此，企业信息管理创新方案的设计必须具有一定的前瞻性、扩展性和灵活性，能较好地适应环境的变化。只有这样，才能有持续的效用和活力。

（五）应符合我国企业的实际情况

虽然部分发达国家不少企业的信息管理水平比较高，但对于国外出现的企业信息管理的成功方法和经验，我们应该有选择地学习和借鉴，绝不能盲目照搬。一方面，因为国内企业和国外企业在经济体制等方面存在着差异；另一方面，各个国家的文化背景也不同。因此，在具体的信息管理创新方案设计过程中，我们不能完全照搬国外的信息管理模式或采用国外的信息管理制度，必须结合我国具体的国情及企业自身的实际情况来付诸实施。

（六）应全方位地将创新贯穿企业信息管理的全过程

企业信息管理创新是一项复杂的系统工程，是一个全方位、多层次的信息管理创新活动，因此，在企业信息管理创新的实施过程中，必须从企业信息管理所涉及的内容和范围进行全面的系统化创新。如从信息管理层次来看，不仅要进行信息战略管理层创新，而且要进行信息战术层管理和作业层管理的创新，强调全员性、全方位和全过程，只有这样才有可能达到信息管理创新的目标。

二、企业信息管理创新方案的设计

（一）企业信息组织的重组

企业信息组织重组是指在统一的目标指导下，根据业务流程重组的理论，对企业现有的信息组织结构进行变革的过程。具体来说，就是要变革现有的功能分散、部门平行和部门隶属的组织结构模式，设立功能集成的企业信息中心。例如，基于现代企业知识管理等需求，结合国内外企业信息组织重组成功的案例，兼顾我国企业自身的特色，可以设计如下信息组织重组模型：由企业的副总裁或副总经理担任企业的首席信息官（Chief Information Officer，CIO），并且成立以CIO为主任的企业信息委员会，作为企业最高的信息决策和咨询机构。信息中心下设信息资源部、信息分析与预测部和信息技术部，全面负责企业信息资源开发与管理。信息中心所辖的三部之间是一种分工协作的关系。

信息组织在企业中处于参谋中心的地位，这种决策参谋的信息组织结构模式以信息资源管理为基础、现代信息技术为支持平台、知识挖掘和发现为中心，强调信息技术和信息资源的集成管理，实现企业信息管理功能的集成，突出信息资源在企业决策、战略规划和创新等方面的重要作用。

企业信息委员会是企业最高的信息决策和咨询机构，主要负责企业重大信息项目（如ERP）的决策规划、企业信息政策的审核等。其成员主要由相关部门的管理者及专业技术人员组成。CIO是负责制定企业的信息政策、标准和程序方法，并对企业信息资源进行管理和控制的高级行政管理人员。

信息资源部主要提供企业常规性的信息服务，强调为企业的研发与创新服务，负责企业信息资源的收集、整理、存储和传递等。它下设文献信息部、信息咨询部和市场信息部等职能部门。

信息分析预测部是最核心的部门，主要面向企业战略决策和规划服务，最重要的任务是进行企业战略规划及创新所需的知识挖掘和发现，负责企业的竞争情报研究，竞争对手的跟踪研究，企业商业秘密的分析和研究，企业客户和供应商的分析和研究，企业的市场预测等，定期编写供战略规划部门、决策层或有关业务部门参考的针对性强的信息内参。其下设竞争情报部、信息分析部和信息预测部等职能部门。

信息技术部主要负责企业信息系统（如ERP、SCM、CRM等）的开发、运行、管理和维护；企业网站的建立和技术维护；Intranet、Extranet、Internet和电子商务等方面的技术支持。信息技术部既是信息资源部和信息分析与预测部的支持系统，也是各职能管理部门和业务部门的支持系统，其作用极为重要。信息技术部下设系统发展部、技术保障部和网络部等职能部门。

（二）企业信息制度的创新

制度创新是管理创新最重要的内容之一，因此，信息制度创新是企业进行信息管理创新的必然选择。企业信息制度创新就是变革传统落后的企业信息制度，建立现代企业信息制度，即企业CIO制度。

所谓企业CIO制度，就是由企业的最高经营决策层中的CIO全面统筹负责企业信息管理活动，下设专门的信息管理职能部门，主要负责组织信息的收集、开发、传播、共享、协调等日常工作。企业CIO制度的实施代表了一种全新的现代企业的管理体制与思想，它的引进可以有力地促进工业时代的企业管理体制和流程最终向信息时代转化。

企业信息管理中的CIO制度具有明确的特点，主要体现在：其一，高中低管理职务相结合，也就是要形成层次分明、结构有序、职能清晰的企业信息管理体系；其二，分散管理与集中管理相结合，也就是要强调专门管理系统的集中信息管理与其他业务管理系统的辅助信息管理的结合；其三，资源管理与综合管理相结合，也就是要把企业信息管理系统功能与企业业务管理功能有机联系起来；其四，现代技术与科学管理相结合，也就是要充分运用现代信息技术和管理技术促进企业信息管理系统现代化。

CIO的主要职责为：参与企业高层管理决策；制定企业的信息政策与信息活动规划；管理企业的信息流程，规范企业信息管理的基础标准；负责企业的信息系统建设规划与宏观管理；为企业经营管理提供有效的信息技术支持；评估信息技术的投资回报问题；宣传、咨询与培训；信息沟通与组织协调。

（三）企业信息文化的重塑

企业信息文化是企业及其员工在依赖以信息、信息资源、信息技术为基础的信息活动和经营管理活动中，创造的物质文化、精神文化和制度文化的总和。企业信息资源系统和信息技术体系构成了作为物质形态的企业信息文化的主要内容与发展基础。企业信息文化的精神文化主要表现为信息价值观念，是企业个人和群体的精神的、内化的信息意识和素养的集中体现，也是企业信息组织的基本思想和信念，是企业信息文化的核心。制度文化则是指人们在社会实践过程中缔造的社会关系以及用于调控这些关系的规范体系。

长期以来，我国企业在自身的发展和建设过程中，对企业信息文化的建设并不是十分重视，导致了目前我国企业信息文化建设的相对滞后，影响了企业信息化建设进程，加强企业信息文化建设已经成为当务之急。企业要加强信息文化建设，一是需要领导的重视和实践，二是加强教育和引导，三是积极推进企业信息化，四是建立健全保障机制。

（四）企业信息管理模式的转变

知识管理不仅丰富了企业信息管理的内涵，而且对企业信息过程和信息管理模式、信息工作等方面产生重大冲击并提出全新的要求。因此，现代企业信息管理创新就必然要实现信息管理模式的转变，即从强调显性知识管理的信息管理模式向显性知识和隐性知识集成管理、以人为本的知识管理模式转变。

知识管理主要包括两个方面的内容：一是对显性知识的管理，即沿着信息管理的思路，充分利用信息技术，对作为信息深加工产物的知识在信息系统中加以识别、处理和传播，并有效地提供给用户使用；二是对隐性知识的管理，即非编码化个人隐性知识的管理。

显性知识管理主要是提高企业的信息处理能力和知识处理能力，隐性知识管理则是提高企业创新能力。只有将两者相结合，才能增加企业的应变能力与预测能力，提高决策与管理的效率，从而增强企业竞争力。显性知识管理早在20世纪70年代中期就已经出现了，它是计算机应用技术的一个发展阶段，一般被称为知识处理。知识处理是由数据处理、信息处理发展而来的，智能处理是其发展趋势。知识处理标志着计算机从处理定量化问题向处理定性化问题迈出了关键一步。而隐性知识管理则是20世纪90年代中后期才出现的。知识管理的提出固然含有强调知识处理的一面，但更重要的是对隐性知识的管理。知识管理狭义地说就是指隐性知识管理，隐性知识管理的出现才真正被视为知识管理的产生。

知识管理也是三维集成化的管理。在技术维度上，知识管理深化了对信息技术的要求，表现在信息向知识演进的处理上，利用数据仓库、数据挖掘、人工智能技术获取信息中隐含的知识；在知识的存储与传播上，利用大型数据库、新型检索技术、智能代理、搜索引擎以及网络技术、组件技术，以保证知识的充分共享。此外，还建立知识管理系统，帮助知识从已知者向未知者传播。在经济维度上，知识管理引入了经济学的研究方法，将知识作为稀缺资源加以合理配置，加强对知识生产途径结构的研究，以促进知识的增长。在人文维度上，知识管理强调系统化的研究方法，把信息与信息、信息与活动、信息与人结合起来，在系统化的空间中发现信息与环境的普遍联系，以有利于知识的发掘、传播和利用。此外还引入新的企业管理模式，即在企业首席执行官与信息主管之间设立知识主管，信息主管把工作重点放在技术和信息的利用上，知识主管则以向实现显性与隐性知识共享提供有效途径为主要职责，把工作重点放在推动创新和培养集体创造力上。知识管理还特别注重对企业员工观念的更新和企业文化的再造。知识管理是21世纪企业管理模式的新趋势，是“以人为本”的现代管理思想的进一步体现。

（五）企业信息系统的重构

企业信息系统能明显提高管理效率和水平，对此人们已经达成共识。因此，现代企业要进行信息管理创新，提高信息管理的效率和水平，就必须构建先进、集成化的企业信息系统。

现代企业的新型信息系统需要解决的问题：一是企业内外部信息的集成

管理，二是各部门的信息（知识）资源共享问题，三是知识挖掘和知识发现的问题。

具体方案就是建立与企业扁平组织结构相适应的集成化信息系统。企业集成化信息系统应该是在企业现有的规模基础上，采用先进的管理思想、管理模式、管理方法与信息技术进行改造、完善与创新的结晶，既有实用性，又具有一定的超前性。

企业新型信息系统以用户（尤其是战略层用户）为主导、以信息（知识）资源管理为基础、应用系统为核心、互联网为纽带，是一种网络化、集成化、基于对象的异构分布模式。

1. 用户

企业新型信息系统的用户按信息技术的应用方式可分为两类：WebBrowser用户，通过互联网存取各类信息（知识）；基于Client/Server结构的应用系统用户，根据业务要求访问不同的应用系统，并为系统采集信息。

2. 信息（知识）资源管理

信息（知识）资源管理是集成化信息系统的基础，应综合采用面向对象技术、多媒体技术、数据挖掘技术和人工智能技术，实现分布式信息（知识）资源的高效管理、集成、重构、共享和知识创新，为用户和企业提供优质的信息服务。

3. 应用系统

应用系统是完成企业集成管理信息系统的核心，直接实现企业自动化经营管理和生产管理的各项功能，执行各类业务信息的处理，进行数据挖掘和实现知识发现。因此，应用系统应体现先进的管理思想、管理方法和管理技术，强调企业在最佳状态下运行。

4. 互联网络

从企业信息系统模式的演变来看，网络结构从局域网到企业内联网，再发展到企业外联网，功能也从实现企业内部信息的共享到实现企业内外信息的高度共享，联系所有合作伙伴，形成伙伴企业间的虚拟专用网，实现分布式管理和协作。互联网络以Web模型为标准平台，使用超文本传输协议、对象通信协议等多种协议，结合开放式的应用系统，不仅能实现各类信息和对象的批处理通信方式，还提供联机事务处理和数据库访问的实时信息服务。企业网络与互联网的联通，使企业的经营管理活动融合于全球信息化的环境中，将企业的市场拓展到全球，不仅加强了与上下游合作企业的交流，而且借助互联网络快速有效地获取企业所需的各种信息，增强了企业的竞争力。

（六）企业信息管理人才的培养

企业信息管理人才是现代化管理和高新技术的应用人才，是一种新型的复合人才。企业信息管理人才既要掌握最新的信息技术和手段，又要具有信息管理的才能；既要精通专业知识，也要具备一定的法律和经济知识，还要具有较强的创新、综合组织、协调能力。

具体来说，企业信息管理人才应具备的素质如下：具有扎实的经济理论、现代管理学理论基础、计算机科学技术及应用能力，掌握系统思想和信息系统分析与设计方法，以及信息管理等方面的知识与能力；能够担负起企业计算机网络规划、设计和组网的责任；能够进行企业计算机信息系统的规划、设计与开发；能够开发、利用和管理信息资源；能够根据信息技术和企业发展的要求对企业流程进行再设计；敢于打破常规和传统观念，运用系统工程理论、信息技术对企业原有系统进行重新设计、改造和创新，以求得整个系统性能的最优化；能够利用最新信息资源、跟踪科技发展的前沿，及时吸收先进技术知识，并把它们用于本企业生产经营管理之中；能总揽全局，迅速找到解决问题的方法，善于依靠集体的力量，发扬团结合作的精神，正确处理好各方面出现的情况。

要加强企业信息管理人才的培养，一是要发挥普通高校人才培养的优势；二是强化继续教育培训；三是广泛开展国内外交流与合作，选派企业人员学习、深造；四是创造有利条件，吸收引进人才；五是举办高级研修班；六是积极推进技术管理相关的教育项目。

第五章 大数据时代的财务共享

第一节 财务共享概述

一、财务共享的起源与发展

19世纪中后期，随着科技革命推动生产力进步，市场竞争愈加激烈，加上规模经济等因素，西方发达国家涌现出一批跨国经营的企业集团。这些跨国企业集团以其雄厚的资本、先进的技术和完善的创新机制在推动国家经济发展方面发挥了重要的作用。到了20世纪80年代，发达国家经济增长放缓，而发展中国家和地区新兴市场经济增长强劲，跨国企业集团纷纷通过直接投资，在这些地区建立分支机构，拓展全球业务，并着力推进本地化。这时，一些嗅觉敏锐的跨国企业集团领导人开始意识到只有那些能以最小单位成本提供业务支持的企业，才是市场上的赢家。于是，诸如怎样才能降低创建成本，怎样保障集团总部与下属分（子）公司战略目标协同一致等至关重要的问题被提上议程。

在这样的背景下，共享服务管理模式应运而生。共享服务是一种将一部分现有的经营职能集中到一个新的半自主的业务单元的合作战略，这个业务单元就像在公开市场展开竞争的企业一样，设有专门的管理机构，其目的是提高效率、创造价值、节约成本以及提高对内部客户的服务质量。共享服务管理模式不仅较好地解决了上述问题，而且为跨国企业集团带来了巨大的经济效益。到21世纪初，超过50%的财富500强公司已经设立了共享服务中心，如杜邦的全球咨询服务部（Global Services Business，GSB）和通用电气的财务服务中心（Financial Services Operation，FSO）等。

共享服务的业务从财务和会计职能发展到人力资源、采购、信息系统以及法律、投资、研究与开发等业务。共享服务最基本的作用在于降低成本。德勒咨询和国际数据公司通过对50家《财富》500强企业的调查表明，共享服务项目的投资回报率平均为27%，员工人数可以减少26%。除了节约成本以外，共享服务还具有使企业集团取得优化资源配置、提高系统效率、提高客户满意度以及强化核心能力等优势。此外，企业通过共享服务可以增强其敏捷性与灵活性。共享服务的上述作用使其在跨国公司的实践中得到了迅速发展。

近年来，共享服务的管理思想迅速传入我国。由于我国企业已进入“向管理要效益”的时代，财务管理模式创新以及与信息技术的融合是企业发展的必然趋势。2014年，财政部发布《关于全面推进管理会计体系建设的指导意见》（财会〔2014〕327号），明确提出：“鼓励大型企业和企业集团充分利用专业化分工和信息技术优势，建立财务共享服务中心。加快会计职能从重核算到重管理决策的拓展。”2022年，国务院国有资产监督管理委员会下发《关于中央企业加快建设世界一流财务管理体系的指导意见》，提出：“积极探索依托财务共享实现财务数字化转型的有效路径，推进共享模式、流程和技术创新……”对积极推进财务共享建设，完善智能前瞻的财务数智体系的目标和路径作出清晰勾勒。

随着财务共享服务的不断发展与演化，财务共享服务中心（Financial Shared Service Center，FSSC）作为一种新的会计和报告业务管理方式开始在各个大型跨国企业集团中流行起来。它将不同国家、地点的实体的会计业务拿到一个共享服务中心来记账和报告，这样做的好处是保证了会计记录和报告的规范、结构统一，而且由于不需要在每个公司和办事处都设会计，节省了系统和人工成本。

财务共享服务中心是企业集中式管理模式在财务管理上的最新应用，其目的在于通过一种有效的运作模式来解决大型企业集团财务职能建设中的重复投入和效率低下的弊端“财务共享服务”。最初源于一个很简单的想法：将集团内各分（子）公司的某些事务性的功能（如会计账务处理、员工工资福利处理等）集中处理，以达到规模效应，降低运作成本的目的。据中兴新云公司《2022年中国共享服务领域年度调研报告》统计，截至2021年末，已有56.42%的受调研企业的共享服务中心已建立3年以上的时间。在已制订长期发展规划的受调研企业中，83.58%的企业将探索数字技术应用、强化数据赋能作为共享服务中心的核心战略规划方向之一。

二、财务共享的深层含义

财务共享服务是现代信息技术和先进管理思想融合的产物，其本质是一种由信息网络技术推动的创新财务管理模式。其具体内涵包括以下几点。

一是以信息技术为基础。信息技术的广泛应用已成为现代财务共享服务的基础，财务共享服务中心信息技术应用多为企业资源计划系统（ERP）财务模块，但呈现ERP财务模块到ERP非财务模块，再到ERP外国辅助业务系统的转移趋势。同时工作流、票据影像、光学字符识别（Optical Character Recognition，OCR）等信息技术工具得到广泛应用。

二是以业务流程为核心。财务共享服务中心的组织形式更多地考虑到流程的因素，基于流程增强专业化分工能力，改进生产效率。

三是多样化的实施动机。内部服务型财务共享服务中心的建立可能成为优化整个财务组织架构的契机，并在此基础上达到规范流程、提升流程效率、降低运营成本的目的。此外，企业借助财务共享服务加强内部控制的行为也较为常见。服务经营型财务共享服务中心以业务流程外包服务为主导，以获取利润为主要目的。由此可见，整个行业呈现多样化实施动机。

四是市场化的视角。无论是内部服务还是服务经营型财务共享服务中心，均应保持市场化的视角，在此内涵下，财务共享服务中心应重视客户，为客户提供满意服务，并在服务过程中体现其他运营动机。

五是生产式服务。视财务服务为生产运营，关注生产效率及生产质量，建立完善的现场绩效评估体系及生产质量控制体系。

六是分布式服务。视财务共享服务中心为服务端，商业单元为客户端，提供基于客户或服务模式的分布式业务支持。

七是财务共享服务是一种管理模式，是包括信息技术、组织管理、服务管理、质量管理、绩效管理等多种管理手段的综合体，不可狭义地理解为其中一种。

三、财务共享所带来的影响

企业实施财务共享服务后，带来的影响深远且广泛，主要集中在两个方面：一是实现了财务与业务的一体化，二是推动了财务人员的分化与转型。这些变化不仅改变了企业内部的管理模式，也对企业整体的运营效率和战略发展产生了重要影响。本文将深入探讨财务共享服务所带来的具体影响。

（一）实现业财一体化

财务共享服务的实施大大提升了企业集团的财务管理能力，并催生了新兴的财务组织形式——业财一体化。这一变革的核心在于财务与业务单位之间实现了有机结合，从而推动了企业业财一体化的进程。

1. 财务共享服务中心的建立

财务共享服务中心的建立是实现业财一体化的重要基础。共享服务中心将企业的基础财务职能集中化处理，减少了各业务单元对基础财务操作的重复投入。通过集中处理财务数据，企业可以提高数据处理的效率，确保财务数据的一致性和准确性。这种集中化的财务管理模式，不仅减少了资源浪费，还为企业提供了更加高效的财务服务支持。

财务共享服务中心的作用还体现在数据的集中和分析上。通过统一的数据管理，企业可以更好地进行财务分析和业务预测，从而支持企业的战略决策。这种数据驱动的管理模式，使得企业可以更加灵活地应对市场变化、优化资源配置、提高整体运营效率。

2. 业财一体化的出现

在财务共享服务模式下，业财一体化这一新兴财务组织形式逐渐显现。业财一体化的核心理念是将财务职能嵌入业务流程，通过与业务部门的紧密合作，支持企业的业务决策和运营管理。业财一体化的出现，使得财务管理不再局限于后台的记账和报表工作，而是深入企业的前线，直接参与业务决策。

在不同的企业中，业务财务的归属有所不同。一些企业将业财一体化归属于业务单位进行管理，绩效考核也由业务单位负责。这种安排使得财务人员能够更好地理解业务需求，并为业务提供更有针对性的财务支持。然而，这种模式也带来了一些问题，比如，财务体系对业务财务人员的控制力减弱，难以形成与业务财务人员的良性互动，导致财务管理的独立性和一致性可能受到影响。

为了解决这一问题，另一种做法是将业财一体化人员的办公地点设置在业务单位，但人员的归属和管理依然由财务部门负责，绩效管理和薪资发放也由财务部门进行，同时业务单位对其绩效拥有评价和建议的权力。这种模式下，业财一体化人员能够充分参与业务运作，同时仍保持财务体系的统一性和控制力，达到了业务与财务之间的平衡。这种平衡的实现，不仅提高了财务对业务的支持力度，也加强了对财务人员的管理，有助于财务和业务之间形成更加紧密的协同关系。

3. 业财一体化的影响

业财一体化带来的影响是多方面的。首先，业财一体化提高了企业的运营效率。通过将财务管理融入业务流程，企业能够更快地响应市场变化，作出更加及时和准确的决策。其次，业财一体化增强了企业的竞争力。通过深入业务运作，财务人员能够更好地理解业务需求，并提供有针对性的财务支持，从而帮助企业优化资源配置，提升市场竞争力。最后，业财一体化改变了企业的管理模式。通过财务与业务的深度融合，企业的管理模式从传统的“财务管理”转变为“财务支持业务决策”的模式，这种转变不仅提升了企业的管理水平，也为企业的长期发展奠定了坚实的基础。

（二）促使财务人员逐渐分化

财务共享服务的引入和推广，对财务人员的角色和职能产生了深远的影响。随着基础财务职能的集中化处理，传统财务人员的工作内容和职能发生了显著变化，财务人员逐渐向多元化方向分化，形成了不同层次和类别的财务职能。

1. 基础财务职能的集中化

财务共享服务将许多基础财务职能集中到共享中心，这些基础职能包括账务处理、报表编制、税务申报等。这种集中化处理不仅提高了财务工作的效率和准确性，还释放了原先从事这些基础工作的财务人员，使他们能够从烦琐的日常事务中解脱出来，有更多的时间和精力参与更高层次的财务管理和决策。

这种集中化处理还为企业节约了人力成本，通过标准化和自动化的流程，企业可以减少对基础财务人员的依赖，将更多资源投入高附加值的财务分析和业务支持。

2. 财务人员的分化与转型

随着财务共享服务的推进，财务人员的职能开始逐渐分化，主要形成了高端财务决策人员、业务财务人员和共享中心财务业务人员三大类。

（1）高端财务决策人员：这些财务人员主要负责企业的宏观财务管理和战略决策。他们的工作内容包括对企业财务数据的深度分析，制定财务战略，支持企业的长期发展决策。高端财务决策人员不仅需要具备丰富的财务知识，还需要掌握企业管理、市场分析、风险控制等综合管理知识。他们是企业管理层的重要成员，对企业的财务健康和战略实施起着关键作用。

（2）业务财务人员：业务财务人员直接参与企业的业务运作，他们需要对自己负责的产品线或业务单元有深入的了解，能够敏锐地感知市场变化和业务需求。这些人员不仅要具备财务核算、预算管理、绩效考核等财务技能，还需要掌握市场营销、供应链管理、风险管理等多方面的综合知识。业务财务人员的职责不仅是提供财务支持，更重要的是通过财务分析帮助业务部门优化运营，提高业务效益。

（3）共享中心财务业务人员：这些人员主要负责财务共享服务中心的日常运作，处理大量的基础财务事务，如账务处理、报表生成、税务申报等。他们的工作重点是确保共享中心的高效运作，维护财务数据的一致性和准确性。尽管这些人员的工作内容相对基础，但他们在财务共享服务体系中起着至关重要的作用，是保障企业财务运作稳定的重要支柱。

3. 财务人员分化的影响

财务人员的分化不仅改变了财务职能的配置，也对财务人员的职业发展路径产生了深远影响。

首先，财务人员的分化使得他们的职业发展更加多元化。财务人员可以根据自己的兴趣和能力，选择走向高端财务决策、业务财务支持或共享中心管理的不同职业路径。这种多元化的发展路径不仅为财务人员提供了更多的职业选择，也提升了他们的职业价值。

其次，财务人员的分化推动了财务管理的专业化发展。随着财务人员职能的细分，财务管理的各个领域得到了更加专业化的发展。高端财务决策人员的出现，使得企业能够进行更加精准和战略性的财务管理；业务财务人员的角色，使得财务支持更加贴近业务需求；共享中心财务业务人员的集中化处理，提高了财务操作的标准化和效率。这种专业化的发展趋势，使企业的财务管理能力得到了显著提升。

最后，财务人员的分化对企业的整体管理模式也产生了影响。通过财务人员的分化，企业能够更加灵活地配置财务资源，确保各个业务单元和管理层次都能获得适合的财务支持。这种灵活的资源配置方式，有助于企业在复杂多变的市场环境中保持竞争力，实现长期可持续发展。

四、企业实现财务共享服务模式的策略

财务共享服务模式通过提高财务运作效率和客户满意度，优化、细化财务流程，实时监控分（子）公司的财务状况和经营成果，有助于最终推进企业集团发展战略的实施。因此，财务共享服务模式已成为跨国企业集团实施全球化扩张战略的必然选择。然而当一家企业在选择运用这种新型的财务管理模式时，除了要考虑企业文化与技术支持方面的基本问题外，还要思考以下问题：财务共享服务的收费该如何定价；如何在减少成本与提高服务水平间找到均衡；企业内部如何形成一种面向不同部门的服务文化；不同业务单元或事业部门是否可以被视为不同的细分顾客；实行共享服务后，现有的部门绩效评价方式该如何改进等。结合以上问题，在此提出实现财务共享服务模式的策略。

（一）实行财务管理制度的标准化

财务管理制度的创新主要体现在整个企业集团财务管理制度的标准化，这也是财务共享服务模式构建的基础。首先，在企业集团层面制定标准业务规范，并以经过评审的标准业务规范作为实施财务共享服务的基础。其次，通过集中培训的方式使各地的财务组织全面掌握新的标准，为正式施行打下基础。最后，持续地监督执行是最终完成标准化的保障。

（二）从分散式管理模式向集中管理模式转变

财务共享服务是一种典型的集中式组织模式，它通过将服务端（共享服务中心）和客户端（企业集团成员单位）分离的方式，重新定位企业集团和基层业务及分（子）公司之间的业务界面和业务关系并将从事标准化财务工作的财务人员

从成员单位分离出来归属到财务共享服务中，以实现财务人员的集中化。集中式组织模式能够实现资源的有效共享，一个服务端向多个客户端提供服务，客户端能够共享服务端资源。此外，通过服务端进行服务的封装获得一个或者多个数据块并把它们集合成一个简单对象能够使财务的服务界面简单化。这样使原来基于整个集团企业按照成员单位进行的财务部门构建就转变为基于业务类型的财务部门构建，并将基于业务类型的财务部门剥离出来，集中归属到财务共享服务中心。

（三）再造财务流程，实现财务共享服务中心的业务和数据整合

实施财务共享服务时的流程再造应遵循六个原则，即财务数据业务化、数据全程共享、财务流程标准化、财务流程模块化、集成财务信息系统、将基础业务与财务分析分离。例如，有的企业总部通过创建财务共享服务中心将各个营业部的财务权限上收，取消原各个营业部的财务部门，在区域管理总部设置派出机构，统一处理审查、记账、支付、监督、报表及核对等基础性会计作业。作为财务共享服务中心的前台，各派出机构统一处理业务提高了财务数据传递的及时性和准确性，使得位于总部的财务共享服务中心的后台可以将更多的精力集中在财务分析和报告上，为制定财务政策、编制预算提供更多的依据。

（四）借助信息技术实现财务共享服务中心整体能力和效率的提升

财务共享服务中心最重要的作用在于它建立了一个IT平台，将一切财务共享服务中心制定的一切财务制度都固化在统一的数据库中，包括财务作业流程等都在信息系统中进行统一设定，成员单位不得随意修改，从而保证总部的战略得到有效贯彻和落实。中兴通讯的实践表明，以网上报销模块、票据实物流、票据影像模块、过程绩效测评模块和综合管理模块为核心的共享服务系统平台为财务共享服务的实施奠定了较强大的信息系统基础。

（五）完善财务体系，形成基于共享服务的管理决策思想

在财务共享服务得到成功实施后，企业集团还需要构建一套包括营销财务、产品财务、研发财务、海外财务、分（子）公司财务在内的完整的财务体系。借助这套财务体系，企业集团的各项战略和财务管理需求就可直接传递至业务单位的核心决策层。

第二节 财务共享服务中心的建立和运作

大数据开启了一次重大的时代转型，同时使企业财务管理面临环境变迁带来的机遇和挑战。传统的财务职能主要体现在财务核算、资金结算、税务管理、报表编制等基础性会计工作中，即财务会计职能，对企业的作用主要体现在价值保持方面。大数据时代，大数据提供的数据基础成为新发明和新服务的源泉，人们运用大数据挖掘工具能够获得和使用全面、完整、系统的数据，得到过去无法企及的商机。面对激烈的竞争环境，企业需要财务部门提供更多关于企业运营、预算管理、业绩分析、风险管控等方面的决策支持，实现财务职能由财务会计职能向管理会计职能转变，并在做好价值保持的同时实现价值创造，提升财务工作的价值空间。

云计算、大数据挖掘、图文转换、模式识别、移动互联等新一轮的信息技术为财务职能转型提供了技术支持。财务共享服务中心为企业集团财务职能的转型提供了实践模式。财务共享服务中心作为一种新的会计和报告业务管理方式，是大数据背景下企业集中式管理模式在财务管理上的最新应用。

一、财务共享服务中心的建立条件和基础

第一，企业必须达到一定规模，分支机构众多，业务拓展迅速。

企业在做大做强的过程中，必然会产生规模的扩大，这种规模的扩大表现为在国内乃至世界各地建立分（子）公司。在建立分（子）公司的同时，企业需要投入更多的管理资源，也需要建立相应的财务组织负责分（子）公司的财务核算和报销制度，但这种财务组织往往十分分散，需要从事基础性财务工作的人员会逐渐增多，重复性的人力、基础设施投入十分严重，相应的财务管理成本也会大大增加。分散的财务组织会形成分散的财务“信息孤岛”，财务与战略、财务与

业务的协同不够，一定程度上更会影响到企业集团的运营效率提高。为此，多数企业希望借助财务共享服务平台进行业务集中的会计处理，通过数字化、影像化的票据处理系统提高后台处理效率、提升产能，控制财务人员数量，形成结构性成本下降，建立成本竞争优势。

第二，企业对于风险管理的要求较高，追求流程的科学化、标准化及制度规则的强力执行。

企业集团在规模扩大的同时，分散的财务组织会使集团下属各分（子）公司单独进行会计核算、风险管控，但这种各自为政造成的后果是财务工作质量和管理水平参差不齐、标准不统一，缺乏有效的风险控制手段，集团总部财务信息的及时性、准确性、可比性难以得到有效的保障。企业集团希望借助建立规则统一、流程统一的财务共享服务平台，集中进行审核与监督，随时获得最直接的财务数据和信息，这有利于规范会计处理行为，强化事中、事后的管理控制，提高业务的执行力。当分（子）公司财务人员的职责调整后，他们可以更多地参与业务活动，对业务需求的信息决策形成支撑，同时有利于提升业务对会计规则的遵从度，从侧面强化事前控制。

第三，管理层的重视和支持是财务共享服务中心的保障。

对于企业而言，建立财务共享服务中心是一场大的组织与管理模式的变革，它不仅需要技术、人力、财务方面的支撑，更需要得到高层管理者的重视和行动上的支持。财务共享服务涉及多个部门、多个业务、多个区域，财务共享服务中心的建设，涉及会计核算的集中处理、减少基础作业人员数量、进行权力的重新划分和原有规则的调整，不可避免地会触及一部分人的利益，也难免会遇到工作的阻力和抵触。当各种意见尤其是业务部门的意见反馈回来的时候，高层管理者可能会出于短视而犹豫不决，一旦这种阻力占据上风，财务共享服务中心的建设项目就可能破产。

因此，各个层级的管理者必须对财务共享服务所能带来的优势、劣势及与战略目标和现阶段管理现状的拟合程度达成共识，对财务共享服务做出长远规划，妥善处理由于实现财务共享服务所带来的冲突、问题，加强培训与沟通。从已经建设完成的财务共享服务中心经验来看，管理层的重视和支持是财务共享建设顺利实现的重要保障，高层管理者对此必须做好心理上和行动上的准备。

第四，复合型人才是财务共享未来发展的核心动力。

财务共享服务中心在初期运营过程中，能够凸显其成本降低和加强集团管控的优势，但“少量管理人员，大量基础作业人员”的金字塔式人员结构很快使得其面临人力资源管理的困境。如果不能摆脱财务共享服务中心“会计加工厂”的印象，不能够给共享服务中心的管理者明确指出其未来的职业发展通道，不能打通财务共享服务中心与企业集团财务人员、地方业务财务人员之间的沟通、协调、晋升障碍，财务共享服务中心将面临人才流失和无法发挥其数据共享与决策服务支持功能的情况，最终导致各行其是，难以发挥财务管理人员的合力。

事实上，财务共享服务中心建成后，随着自身的发展和业务范围的扩大，对财务共享服务中心从业管理者素质的需求越来越高，这也是财务共享未来发展的核心动力。从优秀财务共享服务中心的案例来看，大多数集团财务、地方业务财务人员来自共享服务中心。他们除了需要熟悉企业和共享服务中心业务的操作与需求，系统掌握财务管理知识、会计核算知识、会计信息系统知识之外，还具备了良好的逻辑分析能力、文字处理能力、协调沟通能力、心理承受力和丰富的项目管理经验，能够有效地整合、调动中心内部资源，推动、运营、优化项目的规划与立项。财务共享服务中心未来的发展依靠具有知识复合、能力复合、思维复合等能在多方面、多领域发挥效能的复合型人才。

二、财务共享服务中心的运作模式

财务共享服务模式具体运作通常为企业集团选址建立财务共享服务中心，通过共享服务中心向其众多的分（子）公司（跨国家、跨事业部）提供统一的服务，并按一定的方式计费，收取服务费用，各分（子）公司因此不再设立和财务共享服务中心相同功能的部门。最典型的服务是财务方面账务处理的服务称为“共享会计服务”，是一种以事务性处理功能为主的服务。还有一类共享服务以提供高价值的专业建议为服务内容，如税务、法律事务、资金管理等。从原理上来看，财务共享服务中心是通过在一个或多个地点对人员、技术和流程的有效整合实现企业集团内各流程标准化和精简化的一种创新手段。通常，在财务共享服务中心的业务按循环可以分为总账、应付账款、应收账款和其他四大类。

下面以财务共享服务中心的应付账款业务循环为例来介绍财务共享服务中心的运作流程。

在财务共享服务中心内，应付账款循环一般设有三种职位：出纳，负责共享服务中心所有本外币付款；员工报销专员，审核负责所有员工日常费用；供应商付款会计。在财务共享服务中心的应收账款循环通常可以分为申报、审批及入账和付款三大块。

（1）申报。各分（子）公司员工将实际业务中发生形成的业务票据进行初步整理，并在分（子）公司通过企业集团财务信息管理系统中填报并形成一份独立的报销申请单，再由该分（子）公司的相关负责人批复后由专门管理部门收集并寄往财务共享服务中心。

（2）审批及入账。财务共享服务中心在收到分（子）公司的单据后由专门管理部门进行登记和分类并根据分类情况发送到相应部门。应付账款小组在收到凭证后进行逐一确认并在企业集团的财务系统中进行审核。审核通过后生成文档导入财务模块，自动生成相关凭证；如果审核不通过，应付账款小组人员以电子邮件或电话形式通知分（子）公司相应人员进行联系沟通，以确认信息的准确性和完整性。在确认完信息后，如果在应付账款小组人员可直接修改情况下，应该要求分（子）公司员工发送一份书面修改请求。对于不能够由应付账款小组直接修改的情况，应付账款小组将会在企业集团财务信息系统中将报告驳回，并要求相关人员对报销进行重新批复。

（3）付款。在生成凭证后，应付账款小组进行付款，并对相关凭证进行归档。对于企业集团参股控股的独立法人的凭证将寄回原法人单位。

以某国内大型公司的采购流程为例。某公司的采购专员将采购计划提交至所属单位的采购部门，再由采购部门根据已规定的程序和管理办法进行采购活动——与供应商洽谈、采购。材料收到后由仓库管理员填制入库单，接着由项目部的相关人员将经部门经理或单位负责人审批后的相关采购单据交至财务共享服务中心。

财务共享服务中心根据提交过来的单据审核采购信息；根据会计处理经验核实此次采购活动是否合理；根据采购活动上的签章，确定采购活动是否按照流程进行处理；根据各项目部提交的采购信息汇总及采购发票，分析此次采购活动的价格金额是否准确；根据仓库管理员的入库单，确认采购材料是否及时、准确入库。信息核实后，由材料核算岗生成记账凭证，登入供应商往来账款。经过再次审核后，凭证交由会计主管整理归档。

材料核算岗人员发现采购活动或记账金额不合理时会及时与成员单位联系，

询问不合理原因。对于解释不合理的事项，财务共享服务中心有权退回相关单据并要求成员单位修改处理。

在采购合同约定的付款日期到期前，成员单位业务经办人员负责编制好付款申请单，在完成系统内业务审批及财务审批后传递至财务共享服务中心。专业岗人员将付款申请单与系统中的采购订单、入库信息和供应商发票进行核对无误后，在系统中编制付款凭证并提交会计主管复核。在完成对付款凭证及相关单证的复核后，会计主管在系统中批准付款凭证，再由资金结算岗人员进行业务支付。专业岗人员根据业务单据和付款凭证进行业务处理，生成凭证，系统自动入账。

财务共享服务中心的员工需要进行定期回访——到项目部去了解相关情况，以避免财务共享服务中心与项目部现场生产经营活动脱节，通过加强沟通，及时了解和处理相关问题。

三、财务共享服务中心的优势

在大数据时代，财务共享服务中心作为一种新型的财务管理模式，逐渐展现出其独特的优势。通过集中化、标准化管理，财务共享服务中心不仅帮助企业降低了成本，还显著提升了企业的竞争力。以下将详细探讨财务共享服务中心在多个领域所带来的显著优势。

（一）财务共享服务中心有利于降低企业成本

财务工作因其高度专业化和敏感性，往往需要多个岗位的分离来确保数据的准确性和安全性。例如，在网银付款流程中，通常需要至少三个人分别负责数据导入、核对和审批。无论企业规模大小，即使是一个小型分（子）公司，这一流程也需要三个人来完成。然而，通过财务共享服务中心的建立，企业能够集中管理这些职能，实现多家分（子）公司财务工作的共享服务，从而有效地降低成本。

1. 提高效率，降低人力成本

财务共享服务中心通过将多个分（子）公司的财务职能集中在一个平台上进行管理，使得同一组员工可以同时为多家分（子）公司提供服务。这种集中化管理模式不仅提高了员工的工作效率，还通过熟练度的提升进一步降低了人力成本。例如，原本需要三个人分别为不同的分（子）公司处理网银付款流程的工作，现在可以由同一组人负责多个分（子）公司的付款流程。这种优化配置不仅减少了人力资源的浪费，还通过员工的专业化发展，提高了工作效率。

此外，财务共享服务中心通过对业务流程的标准化和简化，消除了重复性高、非增值的作业。这种标准化操作不仅提高了业务处理的效率，还降低了对员工学历和技能的高要求，从而减少了企业的招聘和培训成本。这些举措大大降低了企业的整体运作成本，使企业能够将更多资源投入核心业务的发展。

2. 利用地域成本优势，节省运营开支

另一项显著的成本节约来源于地域成本优势的利用。不同地区的用工成本、办公成本存在较大差异，企业可以通过将部分财务职能转移到成本较低的地区来节省开支。

通过这种战略性的地域布局，企业不仅能够利用低成本地区的用工优势，还可以优化全球资源配置，进一步降低运营开支。中国的一些企业已经将其财务共享服务中心设在成本较低的城市，从而显著节约了人力资源和办公成本。对于跨国企业来说，将财务共享服务中心设在低成本国家或地区，不仅可以节省开支，还能够增强企业在全球市场的竞争力。

3. 优化资源配置，提高运营效能

财务共享服务中心的集中化管理可以帮助企业优化资源配置，提高运营效能。通过将多个分（子）公司的财务职能集中到一个共享服务中心，企业可以实现对资源的统筹管理，避免了资源的分散和浪费。同时，集中化管理还可以提高财务数据的统一性和准确性，使企业能够更加精确地进行财务分析和业务预测，从而提高整体运营效能。

此外，财务共享服务中心还可以通过统一的管理平台，实现对财务资源的灵活调配。在市场需求变化较大的情况下，企业可以通过财务共享服务中心快速调整资源配置，确保财务工作能够及时响应业务需求。这种灵活性不仅提高了企业的运营效能，还增强了企业应对市场变化的能力。

（二）财务共享服务中心能够带来竞争力的提升

除了在成本控制方面的优势，财务共享服务中心还通过专业化管理和流程优化，显著提升了企业的竞争力。财务共享服务中心的专业化管理模式，使得财务人员能够更加专注于特定的财务职能，逐步形成各子模块的专家团队，从而提高整体的运营水平。

1. 专业化管理提升员工竞争力

在财务共享服务中心的环境下，财务人员不再只是负责某一家分（子）公司的单一财务职能，而是通过管理多个分（子）公司或业务单元，接触不同国家和不同银行的网银系统。这种多任务处理的工作模式，使得财务共享服务中心的员工比只负责单一公司的财务人员更具竞争力。通过不断积累经验和技能，财务共享服务中心的员工逐渐成为各财务子模块的专家，能够处理更为复杂和多样化的财务任务。

这种专业化管理带来的另一大好处是，财务共享服务中心能够更加聚焦于特定的财务流程，深入挖掘和优化这些流程的本质。例如，在网银付款流程中，原有的架构下三人可能会被分配到其他不同的工作，导致工作精度降低。而在财务共享服务中心的模式下，这三个人的工作内容主要集中在网银付款中，这使得他们能够更加专注于这一流程，深入了解工作的核心本质，从而实现更高效的管理。

此外，财务共享服务中心作为一个独立核算的利润中心，自然会出于利润最大化的考虑，专注于流程再造和工作效率的改进。以付款流程为例，财务共享服务中心会着眼于整个采购与付款循环的效率提高，而不只是处理单一的付款事务。通过关注流程的最后一步，并改进前期流程中导致问题的环节，财务共享服务中心能够显著提升整体的工作效率，为企业带来更多的利润空间。

2. 管理聚焦提高运营效率

财务共享服务中心通过管理聚焦，显著提高了企业的运营效率。在传统的财务管理模式下，财务人员通常需要处理多项不同的任务，导致精力分散，工作效率较低。然而，在财务共享服务中心的模式下，财务人员可以专注于特定的财务流程，如网银付款等，从而更深入地理解和优化这些流程。这种管理聚焦使得财务人员能够更高效地完成任务，提高了整体的运营效率。例如，财务共享服务中心的员工通过专注于网银付款流程，可以更好地理解不同国家和银行的系统差异，从而更迅速地处理跨国业务。这种专业化的工作模式，不仅提高了财务处理的速度和准确性，还使企业能够更灵活地应对国际市场的变化。

此外，财务共享服务中心的管理聚焦还体现在流程的优化上。通过深入了解和分析财务流程中的每一个环节，财务共享服务中心可以发现并解决流程中的问题，从而提高整个财务管理系统的效率。这种流程优化不仅提高了企业的运营效率，还增强了企业在市场中的竞争力。

3. 流程再造推动竞争优势

财务共享服务中心的一个重要功能是推动流程再造，通过优化和重塑现有的财务流程，提升企业的竞争优势。由于财务共享服务中心需要为多个分（子）公司提供服务，因此在流程设计上更注重标准化和高效化。这种流程再造不仅提高了财务工作的效率，还使企业能够更加灵活地应对市场变化。

以付款流程为例，传统的付款流程中，70%的障碍可能来自采购流程，如采购预算与实际采购的差异、采购认可的价格与实收发票的差异，以及付款条件与采购合同的差异。财务共享服务中心为了以较少的资源承担更多的付款业务，势必全力关注采购与付款循环的整体流程效率。通过对这些前期流程的改进，财务共享服务中心可以显著减少付款流程中的障碍，从而提高整体的工作效率。

流程再造不仅局限于现有流程的优化，还包括新流程的设计和实施。财务共享服务中心通过持续改进和创新流程，不断提升企业的运营效率和竞争力。这种持续的流程再造，使得企业能够在竞争激烈的市场中保持领先地位。

4. 集中化管理增强决策支持

财务共享服务中心的集中化管理模式，通过统一的数据管理平台，为企业的决策提供了强有力的支持。通过集中的财务数据管理，企业可以更全面地了解其财务状况，从而作出更为精准的决策。这种数据驱动的决策支持，使得企业能够更迅速地响应市场变化，优化资源配置。

集中化管理还使得企业能够更好地进行财务分析和业务预测。通过对实时数据的集中分析，企业管理层可以更准确地识别市场趋势和潜在风险，从而作出更明智的决策。与传统的分散管理模式相比，财务共享服务中心的集中化管理模式不仅提高了决策的速度和质量，还减少了信息传递过程中的误差和延迟，为企业在竞争激烈的市场环境中赢得了时间和优势。

5. 国际化操作支持全球竞争

在全球化背景下，企业面临着来自不同国家和地区的市场竞争。财务共享服务中心通过标准化的流程管理，使得企业能够在全球范围内实现财务操作的一致性和高效性。这对于跨国企业尤为重要，因为不同国家和地区的财务法规、税务政策和银行系统存在差异。通过财务共享服务中心，企业可以确保其财务操作符合各地的法律法规，同时提高全球业务的运营效率。

国际化操作的支持不仅体现在流程的标准化上，还体现在对财务人员的培养和发展上。财务共享服务中心的员工通过处理多个国家和地区的财务事务，积累了丰富的国际化操作经验，这使得他们在全球财务管理中具备更强的竞争力。企业可以通过财务共享服务中心，将这些具有国际化操作经验的财务人员培养成全球业务的核心管理者，从而提升企业在国际市场中的竞争力。

第三节　财务共享服务中心存在的问题及对策

一、财务共享服务中心存在的问题

财务共享服务中心作为大数据时代企业财务管理的一种创新尝试，尽管在提升效率、降低成本等方面展现了诸多优势，但在实际应用过程中依然暴露出不少问题。这些问题不仅影响了财务共享服务中心的正常运营，还制约了其在更大范围内的推广和应用。下面将深入探讨这些问题，分析其对企业运营的影响。

（一）人力资源成本不降反升

财务共享服务中心的一个核心目标是通过集中化管理和流程优化来降低企业的人力资源成本。然而，在实际运作中，许多企业发现这一初衷并未实现，甚至出现了人力资源成本上升的现象。

1. 一线城市高成本的困境

在我国，大多数大型企业集团的总部通常设在上海、北京、广州、深圳等一线城市。财务共享服务中心通常依托这些总部设立，而这些城市的人工成本极高。在这种背景下，即使通过财务共享服务中心实现了财务职能的集中化管理，企业仍然难以显著降低人力资源成本。

这些一线城市的高成本环境，在一定程度上制约了财务共享服务中心的成本节约效果。尽管集中化管理有助于提高工作效率，但高昂的工资、办公场所租金以及其他相关成本，抵消了通过集中管理所带来的成本优势。

2. 人员配置与组织结构的挑战

在建立财务共享服务中心的过程中，许多企业面临着人员配置和组织结构调整的挑战。为了确保财务共享服务中心的顺利运营，企业通常会选择从各分子公司借调人员或重新招聘新的员工。这种做法虽然确保了业务的连续性和管理的稳定性，但也导致了人力资源成本的上升。

尤其是在国有企业中，由于社会责任的考量，企业往往避免大规模裁员或转岗，选择通过内部调配或新招聘的方式来组建财务共享服务中心。这种人力资源的重新配置，虽然确保了过渡的平稳，但也导致了人力资源的冗余，增加了企业的成本负担。

3. ERP系统的高成本依赖

财务共享服务中心的建设高度依赖ERP系统的支持。ERP系统的实施需要大量的资金投入和人力支持，这进一步增加了企业的成本。ERP系统的成功实施是财务共享服务中心顺利运行的前提，而ERP系统的实施和维护本身就需要耗费大量资源。

此外，为了确保财务共享服务中心的长期可持续发展，企业还需要不断更新和升级ERP系统，设计和选择适合的财务管理信息系统。这些系统的开发和维护，不仅需要高额的资金投入，还需要企业指派专门的人员进行管理和监督，从而进一步增加了人力资源和技术成本。

（二）带来较大税务风险

财务共享服务中心将企业的基础会计作业集中化处理，虽然在一定程度上提高了财务工作的效率，但也带来了新的税务风险。这些风险主要源于财务人员与地方税务机关的直接沟通减少，从而导致企业在税务处理和政策响应方面可能出现滞后和偏差。

1. 税务政策的响应滞后

在传统的财务管理模式中，各分子公司通常都有专门的会计人员直接与当地税务机关保持联系，确保企业能够及时了解和响应地方税务政策的变化。然而，财务共享服务中心的建立，使得会计核算人员集中在中心内部，他们不再直接与地方税务机关打交道，导致企业对地方税务政策变化的反应变得迟钝。

由于财务共享服务中心的集中化管理，企业的各地方分支机构可能错过最新的税务政策和税收优惠信息，导致企业在税务处理上出现问题。例如，一些地方政府推出的税收优惠政策需要企业主动申请，而如果企业无法及时获取这些信息，可能会错失享受优惠的机会，增加企业的机会成本。

2. 税务合规性风险

财务共享服务中心的集中管理可能导致企业在税务合规性方面面临更大的风险。由于不同地区的税务法规和政策存在差异，财务共享服务中心的核算人员可能对某些地区的特殊规定不够熟悉，导致在税务申报和处理过程中出现失误。尤其是在税务法规复杂多变的地区，财务共享服务中心的集中管理模式可能会增加企业在税务合规性方面的挑战。如果财务人员对地方税务规定的理解不到位，可能会导致企业在税务申报、税收优惠申请等方面出现问题，进而面临税务罚款或其他法律风险。

（三）带来人力资源管理问题

财务共享服务中心的建立不仅改变了企业的财务管理模式，还带来了一系列的人力资源管理问题。这些问题主要集中在员工职业发展受限、工作积极性下降以及离职率上升等方面。

1. 职业发展空间受限

财务共享服务中心一般设在集团财务部门之下，组织级别较低。由于财务共享服务中心的工作通常以流程化、标准化为主，许多员工感到工作缺乏挑战性和发展前景。长期从事重复性、标准化的工作，容易让员工产生职业倦怠感，降低工作积极性。

在这种环境下，员工往往看不到明确的职业发展路径，这可能导致他们对未来感到迷惘，进而选择离开公司。这种职业发展空间的受限，不仅影响了员工个人的职业成长，也对财务共享服务中心的长期稳定运行构成威胁。

2. 工作积极性下降与高离职率

财务共享服务中心的标准化作业流程和不适当的激励措施，容易导致员工的工作积极性下降。由于财务共享服务中心通常以完成标准化任务为主要考核指标，这种激励机制忽视了员工的个人能力提升和创新意识的培养。

当员工的工作被视为简单的任务完成时，可能会削弱他们对工作的热情和责任感。随着时间的推移，员工可能会变得机械化，缺乏对工作的主动性。这不仅会影响财务共享服务中心的整体效率，还会导致员工流失率上升，对企业的财务管理稳定性造成负面影响。

此外，财务共享服务中心的组织架构和激励机制往往难以激发员工的工作热情和创新能力。这种管理模式下，员工难以在工作中获得成就感和职业发展的机会，导致他们对工作的投入度降低，最终选择离职。这种高离职率不仅增加了企业的招聘和培训成本，还可能影响财务共享服务中心的长期发展和稳定性。

（四）导致集团总部官僚作风加剧

财务共享服务中心依托集团总部进行设置，在财务职能高度集中管理的同时，也可能导致集团总部官僚作风的加剧。这种现象在一些大型企业集团中表现尤为明显，导致了财务共享服务中心的效率低下，违背了财务服务于业务的初衷。

1. 管理与业务的脱节

财务共享服务中心将企业各地的财务职能集中在集团总部进行管理，这种模式虽然提高了财务管理的集中化程度，但也导致了财务部门与业务部门之间的脱节。财务人员在高度集中的管理模式下，往往脱离了业务一线，难以深入理解和支持业务部门的需求。

这种管理与业务的脱节，可能导致财务共享服务中心在处理业务需求时反应迟缓，无法及时提供有效的财务支持。尤其是在市场环境快速变化的情况下，财务共享服务中心可能难以及时调整财务策略，以适应业务部门的需求。这种脱节现象，削弱了财务共享服务中心在企业整体运营中的作用。

2. 官僚化倾向与效率低下

财务共享服务中心的集中化管理模式，可能导致企业内部官僚作风的滋生。一些企业在实施财务共享服务中心后，出现了“共享而不服务”的现象。具体表现为财务部门过于关注内部管理和流程控制，忽视了对业务部门的实际支持。这种官僚化的倾向，使得财务共享服务中心在处理业务需求时效率低下，无法有效地服务于企业的整体运营。

官僚作风的严重性还表现在财务决策和执行过程中，过于依赖标准化流程和审批程序，缺乏灵活性和创新精神。这种作风不仅降低了财务共享服务中心的工作效率，还可能影响企业的决策速度和市场反应能力，进而制约企业的竞争力。

官僚化倾向的加剧，使得财务共享服务中心逐渐偏离了其初衷，难以实现财务服务于业务的目标。这种现象不仅影响了财务共享服务中心的效能，还可能导致企业整体管理效率的下降，阻碍企业的长期发展。

虽然财务共享服务中心在大数据时代的企业财务管理中展现了许多优势，但在实际操作中仍然存在诸多问题。这些问题包括人力资源成本上升、税务风险增加、人力资源管理挑战以及集团总部官僚作风的加剧等。这些问题不仅影响了财务共享服务中心的效率和效益，也制约了其在企业中的进一步推广和应用。要解决这些问题，企业需要在财务共享服务中心的设计和运营中不断优化管理模式，提升员工的职业发展和激励机制，增强财务部门与业务部门之间的协调与沟通，从而实现财务共享服务中心的真正价值。

二、问题的对策

针对上述问题，企业应该给予足够重视并采取相应的对策。

（一）强化顶层设计和平台建设

财务共享服务中心是对传统财务模式的改革，它涉及对财务职责及财务岗位的重要调整，大部分财务人员可能已经不再主要关注财务底层，而是关注财务顶层设计，开始设计企业的战略目标等。因此，在大数据时代，财务共享服务中心要求企业集团财务做好战略部署，下属分（子）公司要积极参与财务共享服务中心的顶层设计，严格按照中心计划进度完成。此外，大数据时代的财务共享需要建立强大的数据平台作为支撑，增强财务管理人员对新的财务管理理念以及方法等内容的学习，以此来达到改善企业财务管理环境的目的。

（二）增强财务共享服务中心的服务职能

许多企业在推行财务共享服务中心时会遇到一些阻力，而阻力的化解必须依赖财务共享服务中心建设为企业集团带来的切实效益。在共享服务中心与外包国际社团会议上，可口可乐分享了财务共享服务中心的建立经历，提出“造势—利益—沟通”。造势，通过高层领导的宣传学习活动，分（子）公司得以了解建立财务共享服务中心是集团未来管理的大势所趋；利益，要为分（子）公司提供优质服务，成为分（子）公司单位发展的一大助力，财务共享服务中心才能稳健成长；沟通，财务共享服务中心和分（子）公司本是两个相互独立、分离的机构，作为后台处理的财务共享服务中心难免出现和分（子）公司信息不对称的问题，这时就需要财务共享服务中心人员更积极主动地与分（子）公司工作人员进行沟通和交流。

在这三个环节中，最重要的还是第二个环节——“利益”。当财务共享服务中心的服务未能达到预期时，“非暴力不合作”就有可能产生。针对员工反映会计业务处理慢的问题，业内专家直接提出“效率问题无论是谁的问题，都是财务共享服务中心的责任”。财务共享服务中心虽然是一个相对独立的机构，但是它是在许多分（子）公司的支撑下才得以形成、发展的。如果二者不能相互配合，财务共享服务中心的工作就很难顺利开展。所以，财务共享服务中心应多与分（子）公司换位思考、勤于沟通，以方便分（子）公司的会计处理，并结合自身集成优势多为分（子）公司提供高价值服务。

例如，可以考虑开发移动客户端的功能。从一些企业的财务共享服务中心案例中发现，单一的PC终端处理极大地限制了业务处理速度，员工需在PC终端上提交业务申请，查看业务处理进度，领导的业务审批也需在PC终端上完成。如果领导出差，审批活动拖延时间将会更久，那么势必造成分（子）公司员工对财务共享服务中心业务处理效率的不满。而移动客户端的应用可以实现员工的业务申请、查询“24小时化”，让领导的审批“随时随地化”，以便财务共享服务中心全天候更好地为分（子）公司提供服务。

（三）改进会计业务流程

一些企业为了方便财务共享服务中心的后台处理，需将会计流程进行局部改进和分工，从而达到会计流程的标准化和明晰化。现有会计流程再造时，基本保留了传统会计处理流程的审核环节，造成审核节点较多。以报账流程为例，就需要经过若干次审批，虽然每次审批的重点不同，但是多重审批会过多地占据审核员工的时间，毕竟审核的准确性与审核次数不是单纯的正比关系。因此，可以通过流程节点整合，减少信息来回传递次数，用优化系统流程设置来减少审批环节，提高工作效率，使得更多的财务共享服务中心的人员从烦琐的重复性操作中“解放”出来。

（四）加速企业信息化建设

要想获得更多、更全面的业务和分析信息就必须加速信息化过程，对现有数据进行挖掘整理。例如，对于土木工程企业来说，可以根据分（子）公司原材料采购过程中获取的反馈信息来建立供应商档案；通过整合所有分（子）公司的供应商信息筛选出最优供应商，用以把控原材料质量、控制采购费用、降低采购成本；根据分（子）公司工程项目进度反馈信息，编制案例集锦，从中选出优秀工程项目示范案例，向其他单位推广；对于出现的问题也可以通过案例找出原因，避免问题再次出现，争取实现“零事故”，从而提高工程管理水平；采用专业的财务数据挖掘分析工具，抽取各层面需要的管理分析、决策信息，助推财务共享服务中心向高价值服务转型。

（五）财务共享服务中心的拓展

财务共享服务中心在发展过程中可以逐步对内和对外进行拓展。

对内，深化财务职能实现纵向拓展。结合分（子）公司更高层次的发展需求，强化管理咨询服务、预测与预算、管理会计及报告、业务支持、税务分析、纳税申报、风险管理、筹资融资管理等业务，提高服务的技术含量；扩大共享业务范围，进行横向拓展，如先选择从财务共享开始，再逐步向其他共享服务发展，如人力资源共享、技术共享等。这样才能为企业的主业发展提供更优质的后台支持，降低整体运营成本。

对外，积极拓展外部客户，提高服务质量，接受外包，同时结合服务等级协议对内外提供专业咨询建议，根据客户需求提供定制服务，降低外部客户的会计核算和财务管理成本，提高财务共享服务中心的增值能力，将共享服务中心从成本中心发展成为增值中心，实现双赢。

财务共享服务中心从服务深度、服务广度和服务对象三个方面逐步实现对内和对外拓展，引进高素质人才提高自身服务水平，为客户提供更有价值的服务，向更高层级的共享模式迈进，带动整体优质高效发展。

第六章 大数据时代的企业专利管理及质量管理

第一节 大数据时代的企业专利管理

企业专利不仅代表了企业的技术实力和创新能力，更是企业核心竞争力的重要体现，因此，对于企业专利的有效管理，不仅关乎企业自身的经济利益，更涉及企业的长远发展和战略布局。在大数据时代，通过数据分析和挖掘技术，企业可以为专利的申请和布局提供更加有力的支持。因此，企业专利管理是大数据时代企业财务管理的重要内容之一。

一、企业专利管理基础知识

（一）企业专利管理的概念

专利管理在现代企业中扮演着至关重要的角色，既是一种市场行为，也是一种企业行为。它不仅关系企业的技术创新和市场竞争力，还涉及企业在知识产权保护方面的战略布局。通过有效的专利管理，企业可以保护其技术创新成果，避免因知识产权问题引发的法律纠纷，从而提升企业的经济效益和市场竞争力。

专利管理是一项复杂而系统的管理活动，它涉及企业的多个部门和业务流程，是企业运营中的关键组成部分。从广义上来说，专利管理是企业为保护自身的知识产权、提升市场竞争力而开展的一系列管理活动的总称。这些活动包括专利申请、专利实施、专利保护、专利资产评估、专利信息收集与利用等多个方面。通过专利管理，企业不仅可以确保其创新成果得到有效保护，还可以通过专利的转让、许可等方式实现商业价值的最大化。

专利管理的核心在于对专利事务进行战略策划、规划、监督、保护、组织和协调。这一管理过程需要企业专利管理机构和专利管理人员的通力合作，也需要企业各相关部门的配合与支持。专利管理不仅是为了遵循国家的法律法规，更重要的是通过专利管理促进企业的技术进步和创新能力的提升，从而保障企业的合法权益，最终达到提高企业经济效益的目的。

在具体操作层面，专利管理涉及专利开发和专利申请的前期工作，专利实施和保护的中期工作，以及专利资产评估和专利纠纷处理的后期工作。每一个环节都至关重要，任何一个环节的疏忽都可能导致企业在市场竞争中处于不利地位。因此，专利管理不仅是一种技术性的管理工作，更是一种战略性的企业管理活动，需要企业高层的重视和全员的参与。

（二）企业专利管理的主客体

企业专利管理的主体和客体构成了专利管理工作的基础，是理解和实施专利管理的核心要素。主体是专利管理活动的执行者，而客体则是这些管理活动所涉及的内容和对象。

1. 企业专利管理的主体

企业专利管理的主体主要是企业内部的专利管理机构及其相关人员。这些机构和人员负责企业专利管理的日常运作，确保企业在知识产权方面的利益得到充分保障。企业的专利管理机构通常由一组专业的知识产权管理人员组成，他们具备丰富的专利法、知识产权管理和技术创新等方面的知识，能够为企业提供全面的专利管理服务。

专利管理机构的主要职责包括制定企业的专利战略，组织专利申请和专利保护，管理专利权的许可与转让，协调专利信息的收集与利用，处理专利纠纷，等等。这些活动需要与企业的研发部门、法务部门、市场部门等紧密合作，确保专利管理工作与企业的整体战略目标保持一致。

此外，企业专利管理人员还需时刻关注行业动态和竞争对手的专利动向，及时调整企业的专利策略，以应对市场变化和技术进步带来的挑战。他们不仅需要具备专业的技术背景，还需要了解法律法规，熟悉市场运作，以确保企业在专利管理方面始终保持领先地位。

2. 企业专利管理的客体

企业专利管理的客体是指专利管理活动中所涉及的具体对象和内容。这些客体包括但不限于以下几个方面。

（1）专利开发。企业在技术研发过程中所产生的创新成果，需要通过专利管理进行保护。专利开发是企业技术创新的重要组成部分，涉及新技术、新产品的研究与开发，以及如何将这些创新成果转化为可以申请专利的技术方案。

（2）专利申请。专利申请是专利管理的关键环节，它决定了企业的创新成果能否得到法律的保护。在专利申请过程中，企业需要准备详尽的专利文件，并按照国家知识产权局的要求进行申请。专利管理机构需要协调研发部门、法务部门和外部专利代理机构，确保专利申请过程的顺利进行。

（3）专利实施。一旦专利申请获得批准，企业需要制订专利实施计划，将专利技术应用于实际生产和市场推广中。专利实施不仅是专利管理的重要组成部分，也是企业实现技术创新商业化的重要途径。

（4）专利权的许可与转让。企业可以通过专利许可或专利转让的方式，将其专利技术的使用权授予其他企业或个人，从而获得经济收益。专利管理机构负责制定专利许可和转让的策略，并与合作伙伴进行谈判，确保企业的利益最大化。

（5）专利权的保护。专利保护是企业专利管理的核心内容之一。企业需要采取各种措施，防止其专利技术被非法复制或使用。这包括专利侵权的监控、专利纠纷的处理以及与侵权者的法律诉讼等。专利保护不仅是为了维护企业的合法权益，也是为了巩固企业在市场中的竞争地位。

（6）专利资产评估。专利作为企业的重要无形资产，其价值需要通过科学的评估方法来确定。专利资产评估有助于企业了解其专利组合的市场价值，并为企业的投融资活动提供依据。专利管理机构需要定期对企业的专利资产进行评估，以确保专利管理工作的有效性。

（7）专利信息收集与利用。专利信息是企业技术创新和市场竞争的重要资源。企业专利管理机构需要收集、整理和分析国内外的专利信息，帮助企业了解技术发展趋势，发现新的市场机会，并规避潜在的专利风险。

（8）专利纠纷处理。在市场竞争中，企业不可避免地会遇到专利纠纷。专利管理机构需要具备处理专利纠纷的能力，包括与竞争对手的谈判、调解以及诉讼等，确保企业在专利纠纷中处于有利地位。

（9）专利战略研究与运用。专利战略是企业整体战略的重要组成部分，涉及专利的布局、申请、保护和运营等多个方面。专利管理机构需要对企业的专利战略进行研究和规划，以确保专利管理活动能够支持企业的长期发展目标。

综上所述，企业专利管理的主体和客体构成了专利管理活动的基本框架。通过有效的专利管理，企业不仅可以保护其技术创新成果，还可以通过专利的商业运作实现经济效益的最大化。在全球化竞争日益激烈的今天，专利管理已经成为企业提升竞争力、实现可持续发展的重要手段。

（三）企业专利管理的内容

企业的专利管理是一个复杂而系统的过程，涉及专利从申请到授权、从保护到利用的各个环节。这一过程不仅是对专利权的简单管理，而是涵盖了企业专利管理机构的建立、专利管理人员的配置、专利规章制度的制定与完善、专利产权的管理、专利信息的管理以及专利利益的分配与奖励等多个方面。通过这些管理活动，企业能够更好地保护其技术创新成果，并将这些成果转化为实际的经济效益。

1. 专利管理的核心内容

专利管理的核心内容主要包括以下几个方面。

（1）专利管理机构的建立与专利管理人员的确定。企业在进行专利管理时，需要建立一个专门的专利管理机构。这一机构的主要职责是负责企业所有与专利相关的事务，包括专利申请、专利授权后的管理、专利保护措施的制定与实施等。为了确保专利管理的有效性，企业还需要明确专利管理人员的职责。这些人员应当具备相关的专业知识，包括知识产权法律、技术管理、市场营销等方面的知识，以便能够全面管理和运作企业的专利事务。

（2）专利规章制度的建立与完善。为了规范企业内部的专利管理活动，企业需要建立一套完整的专利管理规章制度。这些制度包括专利申请流程、专利权的维护与保护措施、专利信息的收集与分析方法、专利利益分配机制等。通过这些制度，企业可以确保所有的专利活动都有章可循，避免在专利管理过程中出现混乱和矛盾。同时，随着企业的发展和外部环境的变化，专利管理规章制度也需要不断更新和完善，以适应新的挑战和需求。

（3）专利产权管理。专利产权管理是企业专利管理的重要组成部分，它涉及专利权的确立、维护和转让等活动。在专利申请阶段，企业需要确保其创新成果能够依法获得专利权保护。在获得专利授权后，企业还需要对专利权进行定期维护，防止因疏忽导致专利权失效。此外，企业还可以通过专利权的转让、许可等方式实现专利技术的商业化，从而获取更多的经济收益。专利产权管理不仅是对企业知识产权的保护，更是企业获取市场竞争优势的重要手段。

（4）专利信息管理。专利信息是企业技术创新和市场竞争的重要资源。企业在专利管理中需要建立完善的专利信息管理系统，通过这一系统对国内外专利信息进行收集、整理和分析。专利信息管理不仅帮助企业了解技术发展的最新趋势，还可以为企业制定研发方向和市场策略提供重要依据。此外，专利信息管理还可以帮助企业识别潜在的技术合作伙伴或竞争对手，优化企业的专利布局。

（5）专利利益分配与奖励。专利利益分配与奖励是企业专利管理中的一个重要环节，旨在激励员工进行技术创新，并确保企业的创新成果能够得到充分的商业化利用。企业需要制定明确的专利利益分配制度，规定发明人、研发团队以及其他相关人员在专利成果中的权益。同时，企业应设立专利奖励机制，对在专利申请、授权和商业化过程中作出突出贡献的员工进行奖励。通过合理的利益分配和奖励机制，企业可以激发员工的创新积极性，增强企业的技术创新能力。

2. 专利管理的层次

专利管理可以根据其管理内容和目标的不同分为不同的层次，主要包括战略性专利管理、决策性专利管理和事务性专利管理。

（1）战略性专利管理。战略性专利管理是最高层次的专利管理，主要涉及企业整体专利战略的制定和实施。它需要企业高层管理人员参与，考虑企业的长期发展目标和市场竞争环境，制定出符合企业利益的专利战略。这一层次的管理关注的是如何通过专利布局、专利组合和专利保护来增强企业的市场竞争力，并确保企业在技术和市场中的领先地位。

（2）决策性专利管理。决策性专利管理处于中层管理的层次，主要负责具体专利项目的决策和管理。这一层次的管理涉及专利申请的决策、专利权的维护与保护、专利技术的市场化策略等。决策性专利管理需要综合考虑专利的技术价值、市场潜力和法律风险，以确保企业的专利资源能够得到最有效的利用。

（3）事务性专利管理。事务性专利管理是最基础的专利管理层次，主要涉及日常的专利事务处理，包括专利申请文件的准备、专利年费的缴纳、专利信息的记录和更新等。这一层次的管理工作虽然看似琐碎，但对企业的专利管理体系的稳定运行至关重要。通过高效的事务性专利管理，企业可以确保专利管理工作的有序进行，并为更高层次的专利管理提供坚实的基础。

（四）专利管理的地位与作用

企业专利管理在现代企业经营管理中占据至关重要的地位。它不仅是企业管理体系的重要组成部分，还在企业的技术创新、市场竞争以及国际化战略中发挥着关键作用。专利管理通过系统化、科学化的方式，帮助企业保护其创新成果，增强市场竞争力，确保企业在激烈的市场环境中立于不败之地。以下将详细探讨专利管理在企业中的地位与作用。

1. 企业专利管理的地位

专利管理是企业经营管理系统中的重要子系统，承担着统筹企业专利事务的重要职责。它不仅与企业的技术开发、产品设计、市场营销、法律事务管理紧密相关，还反映出企业整体管理水平的高低。作为企业管理中的一个有机体系，专利管理由主管和统筹企业专利工作的主要领导负责，依托专利管理部门，支撑企业的技术创新和市场开拓。企业专利管理的水平，直接影响到企业在市场中的地位和竞争力，因此，它在企业经营管理中占据着十分重要的地位。

（1）专利对企业的重要性。专利是一种包含法律、技术和经济内涵的垄断权，它赋予企业在特定市场领域的独占性，使企业能够在市场竞争中获得独特的优势。企业通过拥有强有力的专利，可以在技术和产品方面保持领先地位，形成市场壁垒，防止竞争对手轻易进入该领域。尤其是在高科技领域，专利的价值更为突出，企业通过专利组合的管理和运作，可以构建起强大的知识产权壁垒，为企业的持续发展提供坚实的保障。

专利不仅是一种法律保护手段，也是企业提升市场竞争力的重要工具。企业拥有核心专利技术，可以利用专利权的独占性，在市场中掌握主动权，通过专利许可、转让或技术合作等方式，将专利技术转化为商业价值。此外，专利还可以作为企业在融资、并购和合作谈判中的重要资产，提升企业的市场估值和谈判能力。因此，专利对企业的战略意义不言而喻，是企业在现代市场中生存和发展的关键。

（2）专利管理对企业的重要性。专利管理本身对企业具有重要的战略意义。通过系统化的专利管理，企业可以激发技术研究和开发活动，紧跟技术前沿，持续提高企业的创新能力和技术水平。专利管理不仅是对现有专利的保护和管理，更重要的是通过专利战略的制定和实施，引导企业的技术创新方向，优化科技资源配置，实现技术创新和市场需求的有效结合。

有效的专利管理还能提高企业的市场竞争力，特别是在国际市场中，专利管理是企业实现外向型发展的重要保障。随着全球化的深入，企业之间的竞争不仅是产品和服务的竞争，更是专利技术的竞争。通过积极的专利管理，企业可以不断提升专利的数量和质量，从而增强市场竞争力，为国际化经营战略奠定基础。

总的来说，企业的竞争在某种意义上是专利技术的竞争。没有强有力的专利管理体系，企业难以在激烈的市场竞争中保持领先地位。专利管理通过系统化的规划和运作，帮助企业在专利数量和质量上实现突破，进而为企业的可持续发展提供动力。

2. 企业专利管理的作用

企业专利管理不仅在企业的战略层面发挥着重要作用，还渗透到企业的各个生产经营环节。无论是新技术和新产品的开发，还是产品销售、技术进出口贸易等，专利管理都不可或缺。专利管理是企业管理的一种主动行为，是推动企业技术创新、合理配置科技资源、促进科技与经济结合的重要手段。通过专利管理，企业可以实现从技术创新到市场竞争的全面提升。

（1）促进技术创新。专利管理在企业技术创新中起着核心作用。通过专利管理，企业可以有效地保护其研发成果，防止技术泄露和被盗用，从而激励研发人员不断创新。此外，专利管理还通过专利信息的收集与分析，帮助企业了解行业技术发展趋势，识别技术创新的机会，优化研发方向和资源配置。

在企业的技术创新体系中，专利管理还可以促进技术转移和技术扩散，推动企业内部和外部的技术合作。通过专利许可、技术转让等方式，企业不仅可以将自己的技术成果商业化，还可以引进外部的先进技术，提升整体创新能力。专利管理为企业技术创新提供了法律保障和市场支持，是企业实现技术进步和产业升级的重要途径。

（2）合理配置科技资源。专利管理的另一个重要作用是帮助企业合理配置科技资源。科技资源的配置不仅影响企业的研发效率，还直接关系企业的市场竞争力。通过专利管理，企业可以对其科技资源进行科学配置，确保资源的最佳利用。

专利管理通过专利战略的制定和实施，引导企业的研发活动朝着市场需求和技术前沿方向发展，避免资源的浪费和重复投入。专利管理还可以通过对专利信息的分析，帮助企业发现技术创新的空白点和潜在市场，优化研发投资的方向和强度。

此外，专利管理还涉及专利组合的管理和优化。企业通过对专利组合的科学管理，可以形成技术保护网，防止竞争对手的技术模仿和市场侵入，从而增强企业的市场地位和技术控制力。专利管理通过合理配置科技资源，不仅提升了企业的创新效率，还增强了企业的整体竞争力。

（3）促进科技与经济的结合。专利管理是将科技成果转化为经济效益的重要手段。通过有效的专利管理，企业可以将其创新成果迅速转化为市场产品，实现从技术到市场的无缝对接。专利管理不仅帮助企业保护其技术创新成果，还通过专利的商业运作，为企业创造经济价值。

专利管理促进了科技与经济的紧密结合，使企业能够快速响应市场需求，推出具有竞争力的新产品和新技术。通过专利许可、转让、合作开发等方式，企业可以拓宽市场渠道，增加收入来源。此外，专利管理还为企业的国际化经营提供了法律支持和市场保障，使企业能够在全球市场中占据一席之地。

（4）保持市场竞争优势。在现代市场竞争中，专利已经成为企业保持竞争优势的关键因素。通过专利管理，企业可以确保其技术领先地位，形成市场壁垒，防止竞争对手的模仿和挑战。专利管理不仅是企业维持市场竞争力的重要手段，也是企业在市场中取得长期成功的保障。

通过专利管理，企业可以持续优化其专利组合，增强专利保护力度，确保在关键技术领域的市场主导地位。专利管理还通过专利布局，提前占领技术制高点，阻止竞争对手进入重要市场。此外，专利管理还可以通过专利诉讼和维权行动，打击侵权行为，保护企业的市场利益。

（5）保护企业正当利益。专利管理在保护企业正当利益方面发挥着不可替代的作用。通过专利管理，企业可以有效防止技术成果被非法复制和盗用，维护企业的知识产权权益。专利管理不仅帮助企业构建起强大的法律防线，还通过专利监控和维权，及时发现和制止侵权行为。

在全球化背景下，企业面临的专利纠纷日益增多，专利管理在其中的作用愈发重要。通过专业化的专利管理，企业可以主动防御潜在的专利风险，避免因专利纠纷导致的经济损失。专利管理通过建立健全的专利保护体系，确保企业的创新成果不受侵害，为企业的持续发展保驾护航。

综上所述，专利管理在现代企业经营管理中占据着核心地位，发挥着至关重要的作用。它不仅是企业保护创新成果、增强市场竞争力的有力工具，也是企业实现技术进步和经济增长的重要保障。通过系统化、科学化的专利管理，企业可以在激烈的市场竞争中保持领先地位，实现长期可持续发展。专利管理已经成为企业经营管理中不可或缺的组成部分，值得企业高度重视和持续投入。

二、企业专利管理机构及其职能

（一）企业专利管理机构及其人员

为了有效地进行专利管理，建立健全企业专利管理体制至关重要。专利管理体制是企业整体管理体系中的重要组成部分，而专利管理部门的设立则是这一体制中不可或缺的核心。通过专业化的管理部门，企业能够系统地管理和保护其专利资产，从而实现技术创新和市场扩展的双重目标。

1. 企业专利管理机构的建立

企业专利管理体制的建立，需要设置一个专门的专利管理部门。这个部门是企业专利管理工作的执行者，承担着推动专利事务的战略规划、管理和实施等多项任务。无论是专利申请、专利权的维护，还是专利技术的转让和授权，这些关键性事务都依赖专利管理部门的高效运作。因此，专利管理部门在企业的整体管理架构中占据着举足轻重的地位。

在具体的操作中，企业应根据自身的规模、行业特点和专利管理需求，来决定如何构建专利管理机构。对于规模较大、研发活动频繁的企业，建议设立独立的专利管理部门，并配备专职的专利管理人员。这些人员应具备丰富的专业知识，包括知识产权法律、技术管理、市场营销等方面的内容，以便能够全面负责企业的专利事务。

对于规模较小或资源相对有限的企业，虽然可能无法设置专门的专利管理部门，但仍然可以在现有的管理体系中明确专利管理职责。企业可以指定一个现有的部门，如法务部或研发部门，来负责专利管理事务，同时配备专职或兼职的专利管理人员。这样可以在不显著增加管理成本的情况下，确保专利管理工作得以有效进行。

如果企业内部缺乏合适的专业人员，无法自行承担专利管理工作，还可以考虑从外部聘请专业的专利顾问。这些顾问通常来自知识产权中介机构，具备丰富的执业经验和专业知识，能够为企业提供全方位的专利管理服务。这种做法特别适用于那些规模较小、暂时无法设立专门专利管理部门的企业。

2. 专利管理人员的配置

专利管理人员是企业专利管理工作得以顺利开展的核心力量。他们不仅要具备扎实的专业知识，还需要具备良好的协调能力，以应对跨部门的专利事务。企业在配置专利管理人员时，需考虑以下几个方面。

（1）专职专利管理人员。对于研发密集型企业，配备专职的专利管理人员至关重要。这些人员专门负责企业的专利事务，包括专利申请、专利权的维护、专利信息的分析与利用等。他们需要与企业的研发部门、法务部门、市场部门等保持密切沟通，确保企业的专利战略与业务发展目标相一致。专职专利管理人员还需具备一定的法律素养，熟悉专利法和相关知识产权法规，以便在专利申请和维权过程中为企业提供法律支持。

（2）兼职专利管理人员。对于那些专利事务相对较少的企业，可以考虑配备兼职的专利管理人员。这些人员通常在原有岗位的基础上，额外承担专利管理工作。他们可以来自研发、法务、市场等相关部门，通过与专职专利人员或外部专利顾问的合作，共同完成专利管理任务。兼职人员的优势在于他们对企业内部运作和业务需求的了解，有助于专利管理工作的顺利推进。

（3）外部专利顾问。如果企业没有条件配备专职或兼职的专利管理人员，可以从社会中介机构中聘请具有执业资格的专业人员担任企业的专利顾问。这些外部顾问通常具备丰富的行业经验，能够帮助企业制定专利战略，处理专利申请、维护和纠纷等事务。他们还可以为企业提供定制化的专利培训，提升企业内部对专利管理的认识和能力。企业在选择外部专利顾问时，应优先考虑那些具有良好声誉和丰富经验的中介机构或律师事务所。通过与外部顾问的合作，企业可以弥补自身专利管理经验不足的短板，确保专利管理工作达到专业化和高效化的要求。

（二）企业专利管理机构的组织形式

企业专利管理机构的组织形式在很大程度上取决于企业的实际情况，包括企业的规模、业务范围、专利工作的复杂性和任务量等。不同企业在专利管理方面的需求各异，因此在组织专利管理机构时，需要灵活选择适合的模式，以确保专利管理工作的高效开展。一般而言，我国企业的专利管理机构可以采取以下几种主要组织形式。

1. 集中管理形式

集中管理形式是一种在企业内部设立专门的专利管理部门，如专利处或专利科，并将其直接归属企业的主要负责人或综合技术部门。这个专门的部门负责全企业的专利工作，统一管理和协调各部门的专利事务。集中管理模式的主要优势在于能够实现专利管理的统一性和标准化，有利于制定和实施统一的专利战略，确保企业整体专利管理工作的协调性和一致性。

在这种模式下，专利管理部门通常拥有较高的权限，可以直接参与企业的决策过程，特别是在涉及技术创新和市场竞争的关键领域。这种集中管理方式适用于规模较大、业务复杂的企业，尤其是那些技术研发投入较高、对知识产权保护要求较严格的企业。

集中管理模式的另一个优势在于，专利管理部门能够集中处理所有专利相关的事务，包括专利申请、专利维护、专利信息管理和专利纠纷处理等。这种集中化的管理方式有助于提高工作效率，降低重复劳动，节约资源。此外，集中管理模式还便于企业进行专利工作的统一规划和资源配置，有助于企业在专利领域保持竞争优势。

2. 分散管理形式

分散管理形式是在企业内部的各二级单位（如研究所、子公司等）和其他相关部门（如技术部门、市场部门）设立专利组或专利室，由这些部门独立负责本单位的专利工作。每个部门的专利管理团队相对独立，可以根据本部门的具体需求和业务特点，灵活处理专利事务。

分散管理模式的主要优势在于各部门可以更好地结合自身的业务特点，有针对性地开展专利管理工作。这种方式特别适合那些业务范围广泛、研发活动分散的企业。通过分散管理，各部门可以更加灵活地应对市场变化，及时调整专利策略。此外，各部门直接负责专利事务，能够更加贴近实际业务需求，有助于提高专利管理工作的有效性。

然而，分散管理模式也存在一定的挑战，特别是在专利管理的统一性和协调性方面。各部门独立管理专利事务，可能会导致专利战略的不统一，甚至出现资源浪费的情况。因此，在采用分散管理模式时，企业需要建立有效的沟通和协调机制，确保各部门的专利管理工作能够与企业整体战略保持一致。

3. 集中管理与分散管理相结合的形式

集中管理与分散管理相结合的模式是许多大中型企业常用的一种综合管理模式。这种模式结合了集中管理和分散管理的优点，通过在总公司设立专利管理部门（如专利处或专利科），负责统筹企业整体的专利事务。同时，在各二级单位（如子公司、研究所、生产基地等）设立专利组或专利室，这些专利管理单位既独立开展各自的专利工作，又接受总部专利部门的统一管理和指导。

在这种模式下，各基层单位可以根据自身的实际情况，配备专职或兼职的专利工作人员，形成一个覆盖全企业的专利管理网络。总部的专利管理部门负责制定企业的专利战略、提供专业支持和技术指导，并确保各单位的专利工作与企业的整体战略保持一致。同时，各二级单位的专利组或专利室可以根据自身的业务需求，灵活开展专利工作，并及时向总部反馈专利信息和工作成果。

这种集中与分散相结合的管理模式，不仅可以保证专利管理工作的灵活性和针对性，还能够确保企业专利战略的统一性和协调性。它特别适用于那些业务多元化、研发活动分散的大型企业，有助于企业在不同业务领域和市场中保持竞争优势。

4. 其他形式

对于一些规模较小、财力有限的企业，设立独立的专利工作机构可能并不实际。在这种情况下，企业可以选择更加灵活的专利管理模式，将专利管理工作交由其他现有部门负责。例如，企业可以将专利管理职责分配给法务部、研发部或技术部，并在这些部门中配备专职或兼职的专利管理人员。

此外，企业还可以选择将专利管理工作外包给专业的专利代理机构。通过与外部机构的合作，企业可以获得专业的专利管理服务，而不必在内部设立专门的管理部门。这种做法特别适用于那些没有足够资源或专利管理需求较少的小型企业。通过外包，企业可以降低管理成本，确保专利管理工作的质量和效率。

专利工作机构的组织形式根据企业的需要和专利工作的职能确定。不论采取何种组织形式，都应以能够最有效地发挥专利作用，执行专利工作目标为原则。只有使专利工作与企业的需要有机地结合起来，使专利工作的方针和做法与企业经营的方针、计划和战略活动融为一体，才能使专利管理机构不断优化、科学和有效。

（三）企业专利管理机构的职能

以下是企业专利管理机构的主要职能，以及它们在企业专利管理体系中的重要性。

1. 制订专利工作规划、计划与管理办法

专利管理机构的首要职责是制订企业专利工作的总体规划、详细计划以及相应的管理办法。这些规划和计划应当与企业的整体技术进步战略相结合，确保专利管理工作与企业的长期发展目标保持一致。

规划和计划的制订需要考虑企业的研发方向、市场需求和竞争态势。专利管理机构需要分析当前的技术发展趋势和竞争对手的专利布局，制定出适合企业的专利战略。这些战略将涵盖从专利申请、保护到运用的各个方面，确保企业能够在技术创新和市场竞争中保持领先地位。

管理办法的制定则是为了规范专利管理工作的具体操作流程，明确各部门和人员的职责，确保专利管理工作高效有序地进行。这些管理办法还应当包括对专利工作的监督和评估机制，以确保规划和计划的实施效果。

2. 专利法和专利知识的宣传培训

为了提高企业全体员工的专利意识和知识水平，专利管理机构负责组织专利法和专利知识的宣传和培训工作。通过定期的培训和讲座，企业员工可以深入了解专利的基本概念、申请流程、保护措施等内容，从而在日常工作中更好地保护和利用专利技术。

宣传培训不仅面向研发人员，还应涵盖市场、销售、法务等各个部门的员工。因为专利管理涉及企业的方方面面，只有全体员工都具备一定的专利知识，才能形成全公司范围的专利保护意识。此外，培训工作还应根据企业的实际情况，定期更新内容，以应对不断变化的法律法规和市场环境。

3. 支持员工的发明创造活动

专利管理机构在支持企业员工的发明创造活动方面发挥着重要作用。通过提供咨询服务和资源支持，专利管理机构可以帮助研发人员更好地理解专利申请的要求，识别创新点并将其转化为专利申请。

这一支持活动不仅包括技术上的指导，还涵盖如何撰写专利申请文件、如何保护技术秘密等方面。通过这种全面的支持，企业可以最大限度地激发员工的创新潜力，推动更多的发明创造活动。

4. 办理专利申请与管理专利权

专利管理机构受企业委托，负责处理专利申请的所有事务。这包括从专利文件的准备、提交到与专利局的沟通和后续的维护工作。申请过程中涉及的专利文件撰写、专利检索、专利审查等环节，都需要专利管理机构进行全面的管理和监督。

此外，专利管理机构还负责企业现有专利权的管理。这包括专利权的维护、续展以及应对侵权的法律诉讼等事务。通过这些管理活动，企业能够确保其专利权的有效性和持久性，从而为企业的持续创新和市场竞争提供有力保障。

5. 参与专利技术的实施与管理专利许可贸易

专利管理不仅是对专利的保护，还涉及专利技术的商业化运作。专利管理机构需要参与中专利技术的实施过程，确保专利技术能够顺利转化为市场产品，并为企业创造经济效益。

在专利技术的实施过程中，专利管理机构需要与研发、生产、市场等部门密切合作，确保专利技术的应用符合企业的整体战略目标。此外，专利管理机构还负责管理专利的许可贸易事务，包括制定许可策略、谈判许可合同以及监督许可协议的执行情况。通过合理的许可策略，企业可以最大化专利技术的商业价值，开辟新的收入来源。

6. 管理与利用专利文献与专利信息

专利文献和专利信息是企业在技术创新和市场竞争中的重要资源。专利管理机构负责收集、整理和分析国内外的专利文献与信息，为企业的研发活动提供重要的参考依据。

通过专利信息的管理和利用，企业可以跟踪技术发展的最新动态，了解竞争对手的技术布局，识别潜在的市场机会。此外，专利管理机构还可以通过分析专利信息，优化企业的专利战略，帮助企业在技术领域保持领先地位。

7. 保护企业专利权并防止侵权

保护企业的专利权是专利管理机构的一项核心职能。专利管理机构需要采取各种措施，防止企业的专利技术被非法复制或使用。这包括对市场上可能存在的侵权行为进行监控，以及及时采取法律行动保护企业的合法权益。

此外，专利管理机构还需确保企业在研发和生产过程中不会侵犯他人的专利权。这不仅是为了避免法律纠纷，还可以防止企业在市场竞争中陷入不利局面。通过严格的专利权管理，企业可以在专利保护和市场竞争中占据主动地位。

8. 办理职务发明的奖励与报酬

企业专利管理机构负责对职务发明的发明人或设计人进行奖励与报酬的发放。这一职责不仅是法律要求，也是企业激励创新、培养人才的重要手段。通过合理的奖励和报酬机制，企业可以激发员工的创造力，鼓励他们积极参与技术创新。

专利管理机构需要制定明确的奖励标准和程序，确保发明人和设计人的合法权益得到保障。这不仅有助于提高员工的创新积极性，还可以增强企业的凝聚力和竞争力。

9. 处理技术与产品进出口中的专利事务

在国际贸易中，专利管理机构的作用同样不可忽视。随着全球化的发展，企业的技术和产品越来越多地参与国际市场的竞争。专利管理机构负责处理技术和产品进出口中的专利事务，确保企业的知识产权在国际市场中得到有效保护。

这包括在出口产品时，确认其不侵犯目标市场的现有专利，避免因专利侵权而导致的经济损失。此外，专利管理机构还需在进口过程中，确保企业引进的技术和产品不会侵犯他人的专利权，防止因此引发的法律纠纷。

10. 筹集与管理企业专利基金

企业专利管理机构需要负责筹集和管理专利基金。这些基金主要用于支持企业的专利申请、专利维护、专利诉讼等各项专利相关活动。通过科学的基金管理，企业可以确保专利管理工作的顺利进行，并为未来的专利战略实施提供有力的财务支持。

专利基金的使用需要经过严格的审批和监督，以确保资金能够真正用于专利管理的核心环节。通过合理的资金配置，企业可以更好地实现专利管理的战略目标，为企业的长期发展提供保障。

三、大数据时代与企业专利管理

（一）大数据时代企业专利管理的特点

在传统企业管理思维中，专利管理被视为现代企业管理体系中的重要组成部分，广泛渗透于产品开发、市场销售以及科学研究与创新等多个领域。它不仅是企业保护自身技术创新成果的关键手段，也是企业在竞争激烈的市场中保持优势地位的核心工具。然而，随着大数据时代的到来，专利管理的概念和应用范围正在经历前所未有的变革，逐步从传统的静态管理向动态、数据驱动的管理模式转变。

1. 大数据时代下的专利管理演变

在大数据时代，专利管理不再只是局限于传统的专利申请、授权、保护和维权等流程，而是更注重对大量专利相关数据的系统收集、分析与运用。这种转变的核心在于，大数据技术的广泛应用，使得企业能够从更宏观的视角来处理和管理专利事务，进而将专利管理与企业的整体战略紧密结合。

大数据为专利管理提供了强大的信息支持和分析手段。通过大数据技术，企业可以对海量专利信息进行深度挖掘和分析，从中识别出市场动态、技术发展趋势以及竞争对手的专利布局。这种信息的获取不仅提高了企业在专利申请过程中的效率，还使得企业能够更有针对性地制定和调整专利战略，从而在市场竞争中占据更有利的地位。例如，在大数据环境下，企业可以通过分析专利数据库中的全球专利申请信息，了解技术领域内的最新进展，预测未来的技术发展方向。企业还可以通过对竞争对手专利组合的分析，找到自身技术布局中的空白点或潜在风险，从而作出及时调整，避免在技术上被对手超越。这种基于数据的决策模式，极大地增强了企业专利管理的前瞻性和科学性。

2. 专利管理与企业管理的深度融合

大数据时代下，专利管理与企业管理的各个方面实现了深度融合。这种融合不仅体现在企业内部流程和制度的优化上，更体现在专利管理对企业整体管理架构的提升上。在传统的企业管理体系中，专利管理往往是孤立的、封闭的，主要由专门的知识产权部门或法律部门负责。然而，随着大数据的应用，专利管理逐渐成为贯穿企业各个管理环节的重要组成部分。

在这种新的管理模式下，专利管理不仅是保护企业技术创新成果的工具，更成为促进企业各部门之间协同工作的桥梁。例如，研发部门可以通过大数据分析，及时获取市场上最新的技术动态和专利信息，从而调整研发方向，提高技术创新的效率。而市场部门则可以通过对专利信息的分析，准确把握竞争对手的产品策略，从而制订更具竞争力的市场营销计划。甚至在企业的战略决策层面，专利管理所提供的大数据支持，也能够帮助高层管理者更好地理解行业趋势，制定符合企业长远发展的战略规划。

这种专利管理与企业管理的深度融合，不仅提升了企业内部各部门的协同效应，还增强了企业在面对外部挑战时的应变能力。尤其是在技术迭代加速、市场竞争加剧的今天，企业能够通过大数据与专利管理的结合，更加敏锐地捕捉到市场变化，迅速作出反应，进而保持持续的竞争优势。

3. 大数据思维下的专利管理创新

在大数据时代，数据不仅是一种工具和资源，更是一种思维方式。当这种思维方式与专利管理相结合时，不仅能够激发出更多有价值的服务和管理创新，还能促使企业在专利管理上实现质的飞跃。

通过数据驱动的专利管理，企业可以从传统的被动防御转向主动出击，不再仅仅依靠法律手段保护自己的专利权，而是通过数据分析预测市场需求，抢占技术制高点。例如，企业可以利用大数据技术对市场需求进行预测，从而提前布局相关技术领域的专利申请，形成专利壁垒，防止竞争对手进入。此外，企业还可以通过分析历史专利数据和市场表现之间的关系，找到最具商业价值的专利组合，进一步优化专利管理策略。

大数据思维还促使企业在专利管理的执行层面进行创新。例如，在专利信息的管理上，企业可以通过构建专利数据库，将全球范围内的专利信息进行集中管理和分析，从而实现信息的共享和高效利用。大数据技术的应用，使得企业能够更准确地跟踪和分析专利的生命周期，及时发现和解决专利维护中的问题，最大限度地发挥专利的商业价值。

4. 专利管理在企业战略中的地位提升

传统上，专利管理往往被视为技术或法律事务的一部分，主要由技术人员或法务人员处理。然而，在大数据时代，专利管理已经不仅是技术保护的工具，更成为企业战略决策的重要依据。

通过大数据支持，企业可以将专利管理提升到战略层面，使其成为企业核心竞争力的一部分。专利管理不再是孤立的管理活动，而是与企业的经营方针、市场策略以及长期发展目标紧密结合。例如，企业可以通过分析全球专利数据，找到新的市场机会，制定跨国专利战略，进一步拓展企业的全球影响力。此外，在企业的并购和合作中，专利数据也成为评估标的企业价值的重要依据，帮助企业作出更加理性的决策。

这种战略地位的提升，不仅改变了企业内部对专利管理的认识，也促使企业在管理架构上进行调整，以适应大数据时代的要求。企业通过设置专门的专利战略部门或数据分析团队，将专利管理纳入企业的战略管理体系，从而在市场竞争中获得更大的主动权。

综上所述，大数据时代的企业专利管理已经从传统的静态保护转向动态、数据驱动的管理模式。通过大数据技术的支持，企业专利管理不仅能够更好地服务于企业的技术创新和市场拓展，还能够通过数据驱动的方式，优化管理流程，提高管理效率。大数据思维的引入，使得专利管理成为企业战略决策的重要组成部分，为企业在激烈的市场竞争中保持领先地位提供了有力支持。

（二）大数据时代的企业专利管理面临的问题与应对策略

随着大数据技术的迅速发展，企业专利管理进入了一个全新的时代。然而，大数据带来的不仅是机遇，还有许多挑战。在这个背景下，企业必须面对与专利管理相关的数据收集、处理和分析等方面的诸多问题，并找到有效的应对策略。以下将详细探讨大数据时代企业专利管理面临的主要问题及其应对策略。

1. 专利大数据搜集的问题与应对策略

（1）专利大数据搜集的挑战。在大数据时代，专利管理所依赖的数据量巨大，这些数据不仅包括专利文件本身，还涉及广泛的其他相关信息，如市场资源资料、法律法规、人力资源数据等。总体上，这些数据的体量通常达到了TB级别，甚至在某些情况下可以达到PB级别。数据来源的广泛性和复杂性，加上多样化的格式，使专利大数据的收集变得尤为困难。

首先，专利数据的种类繁多且结构复杂。除了传统的结构化数据，如专利文档、技术报告等，现代企业还需要处理大量的半结构化和非结构化数据，这些数据包括网络博客、广告、视频、图片、新闻报道等。每种数据类型都有不同的格式和存储方式，这无疑增加了数据整合的难度。

其次，数据的多元化特性带来了更多的挑战。不同来源的数据通常以不同的标准和格式存在，如何将这些异构数据统一收集并整合，是企业专利管理面临的一大难题。尤其是某些重要数据可能散落在不同的系统或平台上，获取难度大，并且存在数据不完整或更新不及时的情况，这进一步加大了数据收集工作的复杂性。

（2）应对策略。为了有效应对专利大数据搜集过程中面临的挑战，企业可以采取以下策略。

第一，利用智能化数据收集工具。企业可以使用专利检索和定制化的智能收集软件，实现对专利相关数据的自动化收集。这些工具能够自动从不同的数据源中提取和整合数据，减少人工操作的误差和时间成本。同时，通过定制化的搜索参数，企业可以更精准地获取所需的专利信息，确保数据的完整性和准确性。

第二， 结合人工和软件收集方法。虽然自动化工具在数据收集上具有很大的优势，但它们仍然无法完全取代人工的灵活性和判断力。企业可以将智能收集工具与人工收集相结合，特别是在处理复杂的非结构化数据时，人工的判断和决策能力至关重要。这种混合模式不仅能够提高数据收集的效率，还能确保数据的质量。

第三，依赖商业数据提供商。企业可以通过与商业数据提供商合作，获取更多样化且经过整理的数据。这些提供商通常拥有庞大的数据库和强大的数据处理能力，能够为企业提供专业的专利数据服务。这种合作可以帮助企业有效应对数据收集中的难题，尤其是在面对大规模数据时，商业数据提供商的专业能力能够显著降低企业的技术门槛。

2. 专利大数据处理的问题与应对策略

（1）专利大数据处理的挑战。与传统专利数据相比，大数据在处理过程中面临更多复杂的挑战。这些挑战主要源于专利数据的广泛性、数据量的巨大性、分布的广泛性以及数据结构的复杂性等特点。以下是专利大数据处理过程中常见的几个问题：

第一，数据异构性问题。专利管理所需的数据不仅分布在单一数据系统中，更常见的是分布在多个不同的数据系统中，这些系统可能使用不同的数据结构和存储格式。特别是半结构化和非结构化数据，难以通过传统的关系数据库进行有效处理。因此，如何在多样化的数据系统中实现数据的统一处理，成为企业面临的首要问题。

第二，数据非完备性问题。大数据环境下，数据源多样且更新频繁，难免会存在数据不完整或包含错误信息的情况。非完备性问题如果不加以处理，可能导致后续分析结果的偏差，从而影响企业的专利管理决策。因此，在数据处理和分析之前，企业必须首先解决数据的非完备性问题，确保数据的准确性和可靠性。

第三，数据处理的有效性问题。随着数据量的不断增长，处理大规模数据所需的时间和计算资源也在急剧增加。数据的价值通常与时间紧密相关，数据处理速度过慢可能导致信息的时效性降低，甚至在某些情况下，数据的价值会随着时间的推移而快速消失。因此，如何在保证数据处理效率的同时，确保数据分析的准确性和有效性，成为企业亟待解决的难题。

第四，数据处理的安全性问题。专利数据通常涉及企业的核心技术和商业机密，数据处理过程中一旦出现泄露或篡改，将对企业造成巨大的损失。因此，确保数据处理过程中的安全性是企业在进行专利大数据分析时必须高度重视的问题。安全性不仅涉及数据存储的加密和访问控制，还包括在数据处理和传输过程中的保护措施。

（2）应对策略。针对专利大数据处理过程中面临的复杂挑战，企业可以采取以下策略。

第一，采用先进的数据处理技术。为了应对数据异构性问题，企业可以采用分布式计算技术和大数据平台，如Hadoop、Spark等。这些平台能够高效处理不同格式和来源的海量数据，并支持大规模数据的快速计算和分析。同时，企业还可以利用NoSQL数据库来处理复杂的半结构化和非结构化数据，从而实现数据的高效存储和查询。

第二，数据清洗和预处理。在进行数据分析之前，企业应首先对数据进行清洗和预处理，以解决数据的非完备性问题。通过数据清洗，可以去除错误信息、填补数据缺失，并统一数据格式，确保后续数据分析的准确性。此外，企业还应建立数据质量管理机制，定期监控和评估数据的完整性和准确性，确保数据源的稳定性和可靠性。

第三，优化数据处理流程。为了解决数据处理的有效性问题，企业需要优化数据处理流程，提高数据处理的效率。可以通过引入自动化数据处理工具，减少人工干预，提高数据处理速度。同时，企业应采用实时数据处理技术，减少数据的延迟和滞后，确保在最短时间内获取有价值的信息。此外，企业还可以通过并行处理和批量处理等方法，进一步提升数据处理的性能。

第四，加强数据安全管理。为了确保数据处理过程中的安全性，企业应建立健全数据安全管理制度，采取多层次的安全防护措施。例如，在数据存储和传输过程中，采用加密技术和访问控制机制，防止数据泄露和非法访问。同时，企业还应定期进行安全审计，及时发现和解决潜在的安全隐患，确保专利数据的安全性和完整性。

第二节　大数据时代的质量管理

一、质量管理概述

（一）质量管理的定义

质量管理是指在质量方面指挥和控制组织的协调活动。质量管理，通常包括制定质量方针和质量目标，以及质量策划、质量控制、质量保证与质量改进。

（二）质量管理的发展过程

质量管理的发展大致经历了三个阶段。

1. 质量检验阶段

20世纪前，产品质量主要依靠操作者本人的技艺水平和经验来保证，属于“操作者的质量管理”。20世纪初，以F.W.泰勒（F.W. Taylor）为代表的科学管理理论的产生，促使产品的质量检验从加工制造中分离出来，质量管理的职能由操作者转移给工长，是“工长的质量管理”。随着企业生产规模的扩大和产品复杂程度的提高，产品有了技术标准（技术条件），公差制度也日趋完善，各种检验工具和检验技术也随之发展，大多数企业开始设置检验部门，有的直属于厂长领导，这时是“检验员的质量管理”。上述几种做法都属于事后检验的质量管理方式。

2. 统计质量控制阶段

1924年，美国数理统计学家W.A.休哈特（W.A. Shewhart）提出控制和预防缺陷的概念。他运用数理统计的原理提出在生产过程中控制产品质量的“6σ”法，绘制出第一张控制图并建立了一套统计卡片。与此同时，美国贝尔研究所提出关于抽样检验的概念及其实施方案，成为运用数理统计理论解决质量问题的先驱，但当时并未被普遍接受。以数理统计理论为基础的统计质量控制的推广应用始自第二次世界大战。由于事后检验无法控制武器弹药的质量，美国国防部决定把数理统计法用于质量管理，并由标准协会制定有关数理统计方法应用于质量管理方面的规划，成立了专门委员会，并于1941—1942年先后公布一批美国战时的质量管理标准。

3. 全面质量管理阶段

20世纪50年代以来，随着生产力的迅速发展和科学技术的日新月异，人们对产品的质量从注重产品的一般性能发展为注重产品的耐用性、可靠性、安全性、维修性和经济性等。在生产技术和企业管理中要求运用系统的观点来研究质量问题。在管理理论上也有新的发展，突出重视人的因素，强调依靠企业全体人员的努力来保证质量此外，还有“保护消费者利益”理念与实践的兴起，企业之间的市场竞争越来越激烈。在这种情况下，美国质量管理专家A.V.费根鲍姆（A.V. Feigenbalm）于20世纪60年代初提出全面质量管理的概念。他提出，全面质量管理是“为了能够在最经济的水平上、并考虑到充分满足顾客要求的条件下进行生产和提供服务，并把企业各部门在研制质量、维持质量和提高质量方面的活动构成为一体的一种有效体系”。我国自1978年开始推行全面质量管理，并取得了一定成效。

（三）质量管理的相关特性

质量管理的发展与工业生产技术和管理科学的发展密切相关。现代关于质量的概念包括对社会性、经济性和系统性三方面的认识。

1. 质量的社会性

质量的好坏不仅从直接的用户，而是从整个社会的角度来评价，尤其关系生产安全、环境污染、生态平衡等问题时更是如此。

（1）坚持按标准组织生产。标准化工作是质量管理的重要前提，是实现管理规范化的需要，“不讲规矩，不成方圆”。企业的标准分为工作标准和技术标准。工作标准实际上是从管理标准中分离出来的，是管理标准的一部分。技术标准主要分为原材料辅助材料标准、工艺工装标准、半成品标准、产成品标准、包装标准、检验标准等。它是沿着产品形成这根线环环控制投入各工序物料的质量，层层把关设卡，使生产过程处于受控状态。在技术标准体系中，各个标准都是以产品标准为核心而展开的，都是为了达到产成品标准服务的。

管理标准是规范人的行为，规范人与人的关系，规范人与物的关系，是为提高工作质量，保证产品质量服务的。它包括产品工艺规程、操作规程和经济责任制等。企业标准化的程度，反映企业管理水平的高低。企业要保证产品质量：一是要建立健全各种技术标准和管理标准，力求配套；二是要严格执行标准，把生产过程中物料的质量、人的工作质量给予规范，并严格考核，兑现奖罚；三是要不断修订、提高标准，贯彻实现新标准，保证标准的先进性。

（2）强化质量检验机制。质量检验在生产过程中发挥以下职能。一是保证的职能，也就是把关的职能，通过对原材料、半成品的检验，鉴别、分选、剔除不合格品，并决定该产品或该批产品是否接收。保证不合格的原材料不投产，不合格的半成品不转入下一道工序，不合格的产品不出厂。二是预防的职能，通过质量检验获得的信息和数据，为控制提供依据，发现质量问题，找出原因及时排除，预防或减少不合格产品的产生。三是报告的职能，质量检验部门将质量信息、质量问题及时向厂长或上级有关部门报告，为提高质量，加强管理提供必要的质量信息。

要提高质量检验工作，一是需要建立健全质量检验机构，配备能满足生产需要的质量检验人员和设备、设施。二是要建立健全质量检验制度，从原材料进厂到产成品出厂都要实行层层把关，做原始记录，生产工人和检验人员责任分明，实行质量追踪。同时，要把生产工人和检验人员职能紧密结合起来，检验人员不但要负责质检，还有指导生产工人的职能。生产工人不能只管生产，自己生产出来的产品自己要先进行检验，要实行自检、互检、专检三者相结合。三是要树立质量检验机构的权威，质量检验机构必须在厂长的直接领导下，任何部门和人员都不能干预，经过质量检验部门确认的不合格的原材料不准进厂，不合格的半成品不能流到下一道工序，不合格的产品不许出厂。

（3）实行质量否决权。产品质量靠工作质量来保证，工作质量的好坏主要是人的问题。因此，如何挖掘人的积极因素，健全质量管理机制和约束机制，是质量工作中的一个重要环节。质量责任制或以质量为核心的经济责任制是提高人的工作质量的重要手段。质量管理在企业各项管理中占据重要地位，这是因为企业的重要任务就是生产产品，为社会提供使用价值，同时获得自己经济效益。质量责任制的核心就是企业管理人员、技术人员、生产人员在质量问题上实行责、权、利相结合。作为生产过程质量管理，首先，要对各个岗位及人员分析质量职能，即明确在质量问题上各自负什么责任，工作的标准是什么。其次，要把岗位人员的产品质量与经济利益紧密挂钩，兑现奖罚。对长期优胜者给予重奖，对玩忽职守者造成质量损失的除不计工资外，还处以赔偿或其他处分。最后，为突出质量管理工作的重要性，还要实行质量否决。就是把质量指标作为考核干部员工的一项硬指标，其他工作不管做得如何好，只要在质量问题上出了问题，在评选先进、晋升、晋级等荣誉项目时实行一票否决。

（4）抓住影响产品质量的关键因素，设置质量管理点或质量控制点。质量管理点（控制点）的含义是生产制造现场在一定时期、一定的条件下对需要重点控制的质量特性、关键部位、薄弱环节以及主要因素等采取的特殊管理措施和办法，实行强化管理，使工厂处于很好的控制状态，保证规定的质量要求。加强这方面的管理，需要专业管理人员对企业整体做出系统分析，找出重点部位和薄弱环节并加以控制。

质量是企业的生命，是一家企业整体素质的展示，也是一家企业综合实力的体现。伴随人类社会的进步和人们生活水平的提高，客户对产品质量要求越来越高。因此，企业要想长期稳定发展，必须围绕质量这个核心开展生产，加强产品质量管理，借以生产出高品质的产品，让企业领导放心，让客户称心。

2. 质量的经济性

质量不仅要从某些技术指标来考虑，还要从制造成本、价格、使用价值和消耗等多个方面来综合评价。在确定质量水平或目标时，不能脱离社会的条件和需要，不能单纯追求技术上的先进性，还应考虑使用上的经济合理性，使质量和价格达到合理的平衡。

3. 质量的系统性

质量是一个受到设计、制造、使用等因素影响的复杂系统。例如，汽车既是一个复杂的机械系统，又是涉及道路、司机、乘客、货物、交通制度等多个要素的使用系统。产品的质量应该达到多维评价的目标。费根鲍姆认为，质量系统是指具有确定质量标准的产品和为交付使用所必需的管理上和技术上的步骤的网络。

从质量管理发展到全面质量管理，是质量管理工作的又一个大的进步，统计质量管理着重于应用统计方法控制生产过程质量，发挥预防性管理作用，从而保证产品质量。然而，产品质量的形成过程不仅与生产过程有关，还与其他多个过程、多个环节和因素相关联，这不是单纯依靠统计质量管理所能解决的。全面质量管理相对来说更加适应现代化大生产对质量管理整体性、综合性的客观要求，从过去限于局部性的管理进一步走向全面性、系统性的管理。

二、大数据时代企业质量管理的创新思维

传统的质量管理方法在应对当今复杂多变的市场环境时，逐渐暴露出其局限性。因此，企业必须通过创新思维，将大数据技术和质量管理相结合，以应对新形势下的质量挑战，提升企业的竞争力和可持续发展能力。

（一）数据驱动的质量管理模式

1. 质量管理从经验驱动转向数据驱动

传统的质量管理往往依赖管理者的经验和企业内既有的规章制度。这种经验

驱动的方式在一定程度上能够解决质量问题，但在面对日益复杂的市场需求和多变的外部环境时，其局限性逐渐显现。大数据时代的到来，使得企业可以通过收集、存储和分析海量数据，获取更为精准的质量信息，从而实现从经验驱动到数据驱动的质量管理模式转变。

在大数据驱动的质量管理模式下，企业可以实时监控生产过程中的各种参数，通过数据分析发现潜在的质量问题，并进行及时调整。例如，通过对生产线上的传感器数据进行实时分析，企业可以发现某一设备的异常波动，预示着可能出现的产品质量问题。相比传统的事后检验，这种基于数据的实时监控和预警机制可以大大降低质量事故的发生概率。

此外，企业还可以利用大数据分析客户反馈和市场数据，优化产品设计和生产工艺，从而提升产品的整体质量。例如，通过对客户投诉和退货数据的分析，企业可以识别出产品设计或生产工艺中的薄弱环节，并及时进行改进。数据驱动的质量管理模式不仅提升了企业的质量管理效率，也使得企业能够更加快速地响应市场需求，增强了企业的竞争力。

2. 从静态管理到动态管理的转变

在传统的质量管理中，质量控制更多的是通过设定标准和规范，对生产过程中的每一个环节进行静态监控。这种管理方式虽然在一定程度上能够保证产品的合格率，但也存在很大的局限性。大数据技术的应用，使得企业可以从静态管理转向动态管理，通过实时数据分析和监控，及时调整生产参数，保证产品质量。

动态质量管理不仅是在生产过程中对数据的实时监控，更体现在对整个供应链和生产流程的全面把控。例如，企业可以通过大数据分析，预测原材料的质量波动，并在材料进入生产线之前就进行调整，避免不合格材料进入生产环节。此外，企业还可以通过对市场需求和生产数据的动态分析，优化生产计划和库存管理，确保产品质量的稳定性。

动态管理的核心在于数据的实时性和对变化的快速响应。通过将大数据技术应用于质量管理，企业可以实现对质量问题的早期预警和实时干预，从而有效降低质量风险。这种管理方式不仅提高了产品的合格率，也减少了返工和废品率，降低了生产成本。

（二）大数据在质量管理中的应用

1. 质量数据的采集与整合

在大数据时代，企业可以通过各种渠道采集与质量管理相关的数据。这些数据不仅来自企业内部的生产和管理流程，还包括外部的市场反馈、供应链信息以及竞争对手的质量表现。如何将这些分散的数据整合在一起，并加以有效利用，是大数据时代企业质量管理面临的重要挑战。

质量数据的采集首先需要建立全面的数据采集体系。企业可以通过在生产线、仓储系统、物流链等环节安装传感器和数据采集设备，实时获取各类生产数据。同时，通过与供应商和客户的系统对接，企业还可以收集到原材料质量、客户反馈等重要信息。通过对这些数据的整合，企业能够形成一个完整的质量数据链条，从而为后续的数据分析和决策提供支持。

在数据整合过程中，企业需要面对数据格式不统一、数据来源多样化等问题。为了解决这些问题，企业可以采用数据标准化和数据治理技术，确保不同来源的数据能够在统一的标准下进行整合和分析。同时，企业还需要建立数据存储和管理系统，如数据仓库或数据湖，以便对大规模的质量数据进行有效的存储和管理。

2. 质量数据的分析与应用

数据的价值在于分析与应用。企业在完成质量数据的采集和整合之后，接下来就是如何利用这些数据来优化质量管理流程。大数据分析技术为企业提供了强大的工具，帮助企业从海量数据中挖掘出有价值的信息，从而实现质量管理的精准化和智能化。

首先，企业可以通过大数据分析技术，建立质量预测模型。通过对历史质量数据的分析，企业可以识别出影响产品质量的关键因素，并预测未来可能出现的质量问题。例如，企业可以通过分析设备运行数据，预测设备的故障率，从而提前安排设备维护，避免因设备故障导致的质量问题。

其次，企业可以利用大数据技术进行质量控制优化。通过对生产过程中的各项数据进行实时分析，企业可以发现生产中的异常情况，并及时采取措施加以调整。例如，通过对生产线数据的分析，企业可以识别出某一工序的生产效率降低或产品质量波动，并迅速找到原因，进行工艺调整或设备维护。

最后，大数据可以帮助企业进行质量管理的决策支持。企业管理者可以通过大数据分析系统，实时查看生产和质量数据的变化趋势，并根据分析结果作出科学的决策。例如，在产品设计阶段，企业可以通过分析市场反馈和用户数据，优化产品设计，提高产品的市场竞争力。在生产阶段，企业可以通过分析生产数据，优化生产计划和资源配置，降低生产成本，提高生产效率。

3. 质量管理的智能化

随着人工智能技术的不断发展，质量管理逐渐迈向智能化。通过将大数据与人工智能技术相结合，企业可以实现对质量管理流程的自动化和智能化。

智能化质量管理首先体现在质量检测环节。传统的质量检测往往依赖人工或半自动化的设备进行，不仅耗时耗力，还容易出现误差。通过引入人工智能技术，企业可以实现对产品质量的自动检测和评估。例如，通过机器视觉技术，企业可以实现对产品外观缺陷的自动识别，并实时反馈给生产线，进行快速调整。

此外，智能化质量管理还体现在质量预测和预防方面。通过对历史数据的分析，人工智能算法可以预测未来可能出现的质量问题，并提出相应的预防措施。例如，企业可以通过人工智能技术，建立质量预测模型，预测产品在使用过程中的故障率，从而在产品设计和制造阶段进行改进，降低故障发生的概率。

智能化质量管理还可以帮助企业实现质量管理的全流程监控。通过将人工智能算法应用于生产数据的实时分析，企业可以实现对生产过程的全面监控，及时发现并处理质量问题。这种全流程的监控不仅提高了产品质量的稳定性，也减少了质量问题对企业运营的影响。

（三）大数据时代质量管理的挑战与应对

1. 数据隐私与安全问题

在大数据时代，数据的广泛采集和应用也带来了数据隐私和安全的问题。企业在进行质量数据管理时，必须充分考虑数据的安全性，防止数据泄露和滥用。

为应对这一挑战，企业需要建立完善的数据安全管理体系。首先，企业应加强数据加密和访问控制，确保数据在采集、传输和存储过程中的安全性。其次，企业应制定严格的数据使用规范，防止数据被滥用。最后，企业应定期进行数据安全审计，及时发现和处理数据安全隐患。

2. 数据质量问题

大数据的有效性依赖数据的质量。如果数据存在错误、缺失或不一致，将直接影响到数据分析的结果，进而影响企业的质量管理决策。

为保证数据质量，企业应在数据采集阶段就建立严格的数据质量控制机制。例如，通过数据清洗技术，企业可以去除数据中的错误信息和噪声，确保数据的准确性和完整性。此外，企业还可以通过数据标准化，确保不同来源的数据能够在统一的标准下进行整合和分析，从而提高数据的可靠性。

3. 人才与技术的挑战

大数据时代的质量管理对企业的人才和技术提出了更高的要求。企业不仅需要掌握大数据分析技术的专业人才，还需要具备质量管理和数据分析相结合的复合型人才。

为应对这一挑战，企业可以通过内部培训和外部引进相结合的方式，培养和引进大数据与质量管理方面的专业人才。内部培训可以帮助现有员工掌握大数据技术，提高其在质量管理中的应用能力。外部引进则可以为企业注入新鲜血液，引进前沿技术和创新思维，提高企业的质量管理水平。

综上所述，在大数据时代，质量管理不仅是企业生存和发展的关键，更是企业在市场竞争中取胜的重要手段。通过将大数据技术与质量管理相结合，企业可以实现质量管理的创新和变革，从而提高产品质量，增强市场竞争力。然而，大数据时代的质量管理也面临着诸多挑战，企业必须通过创新思维和科学管理，积极应对这些挑战，推动质量管理迈向新的高度。

[1] 叶怡雄. 企业财务管理创新实践 [M]. 北京：九州出版社，2020.

[2] 麦文桢，陈高峰，高文成. 现代企业经济管理及信息化发展路径研究 [M]. 北京：中国财富出版社有限公司，2020.

[3] 康芳，马婧，易善秋. 现代管理创新与企业经济发展 [M]. 长春：吉林出版集团股份有限公司，2020.

[4] 胡椰青，田亚会，马悦. 企业财务管理能力培养与集团财务管控研究 [M]. 长春：吉林大学出版社，2021.

[5] 王晓丽，孟秀蕊. 大数据时代预算管理理论与创新实践研究 [M]. 长春：吉林人民出版社，2021.

[6] 王雅姝. 大数据背景下的企业管理创新与实践 [M]. 北京：九州出版社，2018.

[7] 王小沐，高玲. 大数据时代我国企业的财务管理发展与变革 [M]. 长春：东北师范大学出版社，2017.